ELGOLAZO BOOKS

CEREZO
桜は、かならず
CHRONICLE
返り咲く
2014-2015

セレッソ大阪、激動の2年と再起の始まり

小田尚史
サッカー新聞エルゴラッソ
セレッソ大阪担当記者

JN185548

プロローグ

――咲き誇る桜。満開の予感――

ラストマッチは、圧巻のゴールラッシュだった。

2013年最終節。54，905人で埋まった敵地・埼玉スタジアム。柿谷曜一朗、山口蛍、南野拓実らが躍動したC大阪は、浦和レッズを5－2で蹴散らした。下部組織出身選手の活躍が際立ったこのシーズンの締めくくりにふさわしい勝利に、試合後のミックスゾーンは活気に溢れた。

山口が「レヴィー（・クルピ元監督）が目指していたサッカーが凝縮された試合だった」と誇らしげに語れば、柿谷は群がる報道陣に対して、「今日の攻撃は良かった。点数を付けるなら、（南野）拓実は9．5（10点満点）でいいんじゃないですか？」と饒舌だ。「MOM（マン・オブ・ザ・マッチ）も南野選手でいい？」と尋ねると、「もちろん。余裕でMOMでしょ」と、とびきりの笑顔を見せた。

この試合で2得点を奪ったエースが推したように、後半開始からトップ下に入った南野のプレーは圧巻だった。縦横無尽に動いて浦和DF陣を切り裂き、86分にドリブル突破から振りの速いシュートで奪った5点目は、浦和サポーターを完全に沈黙させた。

この年、プロ1年目の南野は、高卒ルーキーとしてはクラブ史上初の開幕先発を飾ると、以降もレギュラーとして定着。自身がけがで不在だった夏場にチームが5試合勝利から遠ざかるなど、ルーキーイヤーにして抜群の存在感を示していた。

浦和戦後、クルピ監督は、南野に対して最後の言葉を贈った。

「将来が明るい選手。（香川）真司、乾（貴士）、清武（弘嗣）、（柿谷）曜一朗と同じような道を歩んでいける。いずれ日本を背負って立つ選手になる」

香川を攻撃的な位置に抜擢して才能を開花させ、横浜FMから移籍してきた乾の能力も引き出した。さらに、大分ユースが生んだ至宝・清武をA代表に定着させるまでに伸ばした育成の名手が、〝最後の愛弟子〟の将来に太鼓判を押した。

そんな名伯楽にとって、この試合はC大阪での3度目のラストマッチだった。試合後は、サポーターで埋まったアウェイゴール裏にて、茂庭照幸の呼びかけで選手たちによる即席

の胴上げも行われた

「最高のパフォーマンス、最高の結果を勝ち取ってくれた選手たちに感謝したい。1点でも多くゴールを決めて、攻め切る姿勢を見せ続けた。引き分けは良い結果とは言い切れない。勝利して勝ち点3を得ることがリーグ戦では大きい。だからこそ、最後まで攻め抜く姿勢は評価されるに値する姿勢だと思う」

試合後は、感無量の様子で涙ながらにチームへの感謝を示した。さらに、「選手たちには今後どのように進んでいってもらいたいか？」との問いかけに対しては、「私からもし学んだことがあったのであれば、それを生かして大きく羽ばたいていってほしい」という言葉を残した。

「攻め切る」哲学をピッチに立った選手全員が実戦した浦和戦は、「レヴィーに教えてもらったサッカーをやり切れた」（酒本憲幸）。結果的に、２０１３年は首位のサンフレッチェ広島と勝ち点4差の4位で終えた。リーグ戦で1度も首位になることはなかったが、数字上では第33節まで優勝の可能性を残し、天皇杯でリーグ2位の横浜ＦＭが優勝したことで、クラブとして2度目のACL出場権も獲得した。
『育成型クラブ』として、歩む道のりが正しいことを証明したシーズンでもあった。このシーズンからクラブのエースナンバー8番を背負った柿谷は、開幕・新潟戦88分に奪った「一生忘れられないゴール」を皮切りに、リーグで21点を記録した。彼と山口、扇原貴宏は、初のA代表にも選出された。そして南野はJリーグベストヤングプレーヤー賞を受賞。彼らはみな、C大阪の下部組織出身の選手たちだ。その4人だけでなく、丸橋祐介、杉本健勇も含めて、先発11人のうち、実にアカデミー育ちが6人ピッチにいるという試合も珍しくなかった。

2013年、桜は見事に咲き誇った。
そして体制が変わる2014年からは、花開いた才能を結集させ、足りない力を加え、〝あと一歩〟の歴史を埋めるべき戦いが始まる。そのはずだった。

しかし、待っていたのは激動の2年――。

筆者は２００９年からサッカー専門新聞エルゴラッソの記者としてＣ大阪を取材してきた。２０１４年からはＣ大阪専属となり、徹底的にチームを追い掛けた。ホーム、アウェイを含め、２０１４年のＡＣＬグループリーグ第６節・山東魯能戦を除くすべての試合を現地で取材。日々の練習場にも、最低でも週３回、多い時には毎日、顔を出した。

今回の書籍を執筆するにあたり、基本的に、追加取材という形は取っていない。日々、クラブに密着した中で取材した内容を元に、番記者としての立場で書き進めた。

Ｃ大阪は何を目指したのか。何が足りなかったのか。そして、何を学んだのか。本書が、Ｃ大阪にとって激動のこの２年間の復習、そして「Ｊ２優勝・Ｊ１昇格」を目指す２０１６シーズンの予習となれば幸いである。

目次

（文中敬称略）

第一章　２０１４。桜の大勝負

<2014公式戦戦績>

日付	カテゴリー	節	H/A	対戦相手	スコア	得点者
2月25日	ACL	1	A	浦項	1△1	柿谷
3月 1日	J1	1	H	広島	0●1	
3月 8日	J1	2	A	徳島	2○0	山口、オウンゴール
3月11日	ACL	2	H	山東魯能	1●3	柿谷
3月15日	J1	3	H	清水	4○1	丸橋、山下、カチャル、杉本
3月18日	ACL	3	H	ブリーラム	4○0	柿谷、南野2、フォルラン
3月23日	J1	4	A	鹿島	2○0	長谷川、フォルラン
3月29日	J1	5	H	新潟	0△0	
4月 2日	ACL	4	A	ブリーラム	2△2	山下2
4月 6日	J1	6	A	柏	1●2	丸橋
4月12日	J1	7	H	G大阪	2△2	フォルラン2
4月16日	ACL	5	H	浦項	0●2	
4月19日	J1	8	A	FC東京	0●2	
4月23日	ACL	6	A	山東魯能	2○1	柿谷、フォルラン
4月26日	J1	9	A	神戸	2△2	フォルラン2
4月29日	J1	10	H	大宮	1△1	杉本
5月 3日	J1	11	A	名古屋	2○1	柿谷、フォルラン
5月 6日	ACL	ラウンド16第1戦	H	広州恒大	1●5	長谷川
5月10日	J1	13	H	仙台	0●1	
5月13日	ACL	ラウンド16第2戦	A	広州恒大	1○0	オウンゴール
5月17日	J1	14	A	浦和	0●1	
7月12日	天皇杯	2回戦		桑名	4○2	杉本、南野、阪本2
7月15日	J1	12	H	川崎F	1●2	安藤
7月19日	J1	15	H	横浜FM	2△2	平野、杉本
7月23日	J1	16	A	甲府	0△0	
7月27日	J1	17	H	鳥栖	0●1	
8月 2日	J1	18	A	新潟	0●1	
8月 9日	J1	19	H	FC東京	0△0	
8月16日	J1	20	A	川崎F	4●5	南野、丸橋、藤本、フォルラン
8月20日	天皇杯	3回戦		富山	1○0	藤本
8月23日	J1	21	A	広島	0△0	
8月30日	J1	22	H	神戸	1●2	南野
9月 3日	ナビスコ	準々決勝第1戦	H	川崎F	1●3	南野
9月 7日	ナビスコ	準々決勝第2戦	A	川崎F	3○2	長谷川2、南野
9月10日	天皇杯	4回戦		磐田	2○0	南野、永井
9月13日	J1	23	H	柏	2○0	杉本、永井
9月20日	J1	24	A	G大阪	0●2	
9月23日	J1	25	H	名古屋	1●2	カカウ
9月27日	J1	26	H	浦和	1○0	カカウ
10月 5日	J1	27	A	清水	0●3	
10月15日	天皇杯	準々決勝		千葉	0●1	
10月18日	J1	28	A	鳥栖	0●1	
10月22日	J1	29	H	徳島	3○1	オウンゴール、楠神、カカウ
10月26日	J1	30	A	横浜FM	0△0	
11月 2日	J1	31	H	甲府	1●3	カカウ
11月22日	J1	32	A	仙台	3△3	杉本、永井、カカウ
11月29日	J1	33	H	鹿島	1●4	永井
12月 6日	J1	34	A	大宮	0●2	

初戴冠への切り札。フォルラン獲得

柿谷曜一朗に山口蛍、南野拓実など下部組織出身選手が躍動し、Jリーグに旋風を巻き起こした2013年。C大阪は、広告料収入が前年比134%の14億9900万円。入場料収入は2012年の4億9500万円から倍近い9億5400万円に増加。商品（グッズ）収入も前年比160%。収入3本柱で25億円を超える大幅な増収を果たした。Jリーグからの配分金なども合わせると、営業収益が初めて30億円（32億1300万円）を突破。クラブにとって飛躍の1年となった。

そして、Jリーグ加入20年目を迎えた2014シーズン。C大阪はさらなる攻めのクラブ運営に打って出た。2014年のサポーターズコンベンション（サポコン）にて、目標入場者数として52万人を掲げたのだ。昨季の36万人（リーグ戦とカップ戦を合わせた21試合）から16万人の増加。キャパシティーの広いヤンマースタジアム長居でのリーグ戦の試合数も、2013年の8試合から2014年は12試合と増やしている。

2013年までは区民センター規模で行われていたサポコンだが、2014年は約1000人収容可能な中之島の大阪市中央公会堂で盛大に行われた。成績が上向き、観客数も増加。柿谷や山口らクラブ生え抜き選手から日本代表も生まれた2013年は、Jリーグアウォーズで『最優秀育成クラブ賞』も獲得。C大阪に追い風が吹いていた。

サポコンの席で、当時の社長である岡野雅夫はこう語っている。

「Jリーグアウォーズという表彰式がございまして、柿谷曜一朗君、山口蛍君のベストイレブン、南野拓実君のベストヤングプレーヤー賞等、いろいろな賞を頂戴しました。クラブとして悲願でありました最優秀育成クラブ賞も頂戴しました。大変に名誉なことだと思っております。これからも育成型クラブとしての基軸はブレずにやっていきたいと思っております。ただ、その表彰式の夜に、当時チェアマンの大東(和美)さんから『セレッソ、あとタイトルだけやなぁ』と。『そうですわ』と答えたのが鮮明に思い出されます」

初タイトルへの機運はこれ以上なく高まっていた。

「あとはタイトルだけ」。そこでクラブが〝切り札〟として獲得したのが、2010年南アフリカW杯MVPで得点王のディエゴ・フォルランだった。

2014年1月14日付けのスポーツニッポン紙の裏一面で報じられたフォルラン獲得のニュースに、サッカーファンの誰もが仰天した。第一報から1週間後の1月22日夜。ウルグアイの現地紙が一斉にフォルランのインテルナシオナルとの契約解除とC大阪との契約合意を報じると、フォルラン自身もツイッターを通じて「私は2014年12月まで桜大阪との契約に署名しました」と明かした。

28日にはクラブから正式な加入合意のリリースも届いた。それでも、「本当に来るのか?」と半信半疑のまま、フォルランが乗っているとされる搭乗機が到着する予定の2月12日に関西国際空港へ向かうと、その男はやってきた。大勢のサポーターの出迎えを受けた彼は満面の笑みを浮かべ、サポーターから手渡されたタオルマフラーを首に巻いてみせた。その足で臨んだヤンマースタジアム長居での会見は、スカパー!を通じて全国に生中継され、一般サポーターにもスタンドを無料開放。会見の様子が大型ビジョンに流された。

「こんばんは。日本の皆さま、はじめまして。ディエゴ・フォルランです。C大阪で頑張りますので、どうぞよろしくお願いいたします。日本政府、Jリーグの皆さま、ここでプレーができる機会をいただき、感謝いたします。以前から日本のファンでした。過去に3

回、日本へ来たことがあります。素晴らしいおもてなしを受けました。たくさんの希望と夢を持って来ました。去年、チームは4位まで行きました。今年は良い成績を残せるよう、全試合、努力します。どうもありがとうございました。おおきに！（笑）」

最初の挨拶をすべて日本語で話すと、集まった報道陣から大きな拍手が送られた。フォルランとともに登壇した岡野社長は、紅潮した様子で一気にこう述べた。

「今日こうしてディエゴ・フォルラン選手を迎え入れることができ、夢のような気持ちです。世界的スーパースターがC大阪のプレーヤーとしてJリーグに加入していただいたことは大きな喜び。特に今年はW杯の年。そういう年にフォルラン選手がプレーする場所をJリーグにしてくれたこと、C大阪でプレーしてくれること、これは日本サッカー界にとっても非常に光栄なことです。昨今のJリーグは観客動員の低迷、各クラブにおける積極投資の減少、いろいろな形での閉塞感が若干漂っているように思います。また、日本代表というブランドのみが持て囃されたり、海外で活躍している選手をマスコミが多く取り上げたりということが顕著に表れています。私どもC大阪は、昨年のJリーグアウォーズにおいて、『最優秀育成クラブ賞』を受賞しました。自前で育てた選手が活躍してくれることで、観客動員も増加しました。去年の後半はチケット完売というゲームも経験させていただきました。そこで思ったことは、いい選手がいい試合をすれば、お客様は評価して下さる、スタジアムに足を運んで下さるということ。いつもスタジアムを満杯にして、楽しい、何回でも見たい、何回でも行きたいと思ってもらえるような試合を続けていきたい。そのためには何が必要かをずっと考えていました。Jリーグもいい試合をすれば必ずお客さんは来て下さる。フォルラン選手がC大阪の選手として活躍してくれれば、満員のスタジアムは必ず実現して、皆様に楽しんでいただけるものと確信しています。最高のエンターテインメントを演出したいと思っています。また、現在育ってきている私どもの若い選手に、フォルラン選手の真のプロフェッショナルとしての姿勢を学んでほしいという観点から考えても、彼に対する期待は大きい。何はともあれ、スタジアムでフォルラン選手のプレーを純粋に楽しみたい。日本全国のサッカーファンの皆様にも楽しみにしていただきたい。全員でJリーグをもっともっと楽しみましょう」

フォルラン獲得の狙いは主に二つあった。

一つは、初優勝へ向けての戦力としての補強。2013年にリーグ優勝を果たした広島との勝ち点差は4。その差を埋めるためである。二つ目は、岡野社長の言葉に表れていたように、エンターテインメント性のある興行として、集客に貢献する営業的なメリットだ。Jリーグの起爆剤になりたい、という強い意思も感じられた。2013年のC大阪の選手、スタッフ人件費は約12億円。フォルランの年棒は一部で6億円とも言われ、2013年で言えばチーム全体の強化費の半分を一人の選手につぎ込む形となったが、目標の52万人という集客が達成できれば、高額年俸も十分に払える算段だった。

このビッグプロジェクトの成功には、フォルラン自身が日本に対して好印象を持っていたことも大きい。会見で「今まで3回日本に来たことがあるが、日本の素晴らしさ、文化であり、人を思いやる気持ちやリスペクトの素晴らしさを肌で感じた」と話している。また、C大阪の熱意も届いていた。

「クラブの熱い気持ち、情熱を感じた。チームとして若い選手が多いという話を聞いたが、私が加わることでそのクオリティーをさらに高めていきたいという気持ちをヒシヒシと感じた。自分の持てるモノを出して、多くのゴールを決めたい。若い選手たちにも自分の経験を練習や試合で伝えていきながら、アドバイスが必要であればしていきたい」

1993年に華々しく開幕したJリーグ。その草創期には、ドゥンガやストイコビッチなど、ビッグネームが数多くプレーしていたが、近年はクラブライセンス制度の導入などもあり、各クラブが身の丈経営に切り替えたことで、強豪国の現役A代表クラスの大物の来日はめっきり減っていた。そういった〝経費削減〟の流れに風穴を開け、C大阪の成長のみならず、リーグ全体の復興にも一石を投じた首脳陣の姿勢は評価されるべきだろう。ブラジルW杯出場も目指す現役ウルグアイ代表の加入。大きな期待に包まれるのも無理ない話だった。

懸念されたコンディションについても、本人は「（ブラジルの）反対側である日本へ来ることに不安はなかった。なぜなら、日本サッカーは技術レベルが高くてフィジカル的にもハードなモノを要求される。そういうリーグで戦うことで、逆にW杯に向けて良い準備ができるのではないかと思う」と周囲の不安を一蹴。冒頭で披露した日本語については、「まだまだ低いレベルにあるが、単語はかなり覚えてきた。実は今回の移籍が決まった後、ウルグアイの日本大使館の女性に、私と妻の二人で日本語のレッスンを受けてきた。母国の言葉とはまったく違うが、努力を重ねて日本語をいち早く覚えたい」と語るなど、非の打ち所がない会見だった。

フォルランのC大阪加入に尽力した代理人の木村精孝によると、「『日本からパッションのある話が来ている』と伝えた（2013年）10月から、フォルラン自身は日本行きに気持ちが傾いていた。『日本とウルグアイの架け橋になりたい』とも話していた」という。

C大阪初戴冠の切り札になると同時に、Jリーグ全体を盛り上げる意味でも、〝本気〟のフォルランの加入は、これ以上ない起爆剤となる――。入団会見に出席した誰もが、そう信じて疑わなかった。

紫の王者の洗礼

ブラジルW杯開幕の年。欧州のあるクラブから正式オファーを受けていた柿谷だが、2013年と同様、C大阪残留を選択した。彼と山口、扇原貴宏の日本代表トリオに加えて、南アフリカW杯MVPのフォルラン、さらには長谷川アーリアジャスール、豪州代表のミッチ・ニコルズらの獲得にも成功。ＡＣＬとの並行日程やＷ杯後は主力選手が海外のクラブに移籍する可能性があるといった懸念こそあったが、初タイトルへ、機は熟したかに見えた。

新井場徹もこう語っている。

「昨季も優勝を目指して始まったけど、最初のころは実感がなかったと思う。２０１４年は開幕からリアルな目標として優勝を捉え、勝ち点３にこだわった戦いをしていきたい」

戴冠への機運がこれ以上なく高まったシーズン開幕前。クラブがレヴィー・クルピ監督の後任に選んだのは、Ｊリーグで大分トリニータ、ＦＣ町田ゼルビア、ＦＣ東京を率いたランコ・ポポヴィッチ監督だった。始動日の練習後に行われた新体制発表会見で、新任の勝矢寿延強化部長は、その狙いを「組織力の向上」とした。

「（ポポヴィッチ監督は）日本のサッカーにも精通している。今まで築き上げてきたセレッソの攻撃的なサッカーを発展させてくれる監督を選んだ。自由、個々の能力、想像力を尊重したチーム作りを昨季まで行ってきたが、それにプラスして組織力を注入してほしい」

しかし、期待を背に走り始めたチームは、思わぬ躓きを見せる。

沖縄での1次キャンプは順調だった。攻撃ではパスの質やスピードにこだわり、縦パスを入れた後の連動を重視。個ではなく連係に重きを置くやり方で、プレー一つひとつにも判断の速さを求めた。

ポゼッション志向と言われるポポヴィッチ監督のサッカーだが、「ボールを握ってゲームをコントロールすることは大切だし目指しているが、その中で、ただのボール回しにならないことも重要。ボールを動かしながら、背後を取った選手や縦で受けるところに顔を出した選手を見逃すことがないようにしたい。サッカーは点を取るスポーツ。それを忘れないようにしたい」とも語っていた。

守備では、ボールを奪いに行くアプローチや攻守における切り替え後のポジショニング、ラインの上げ下げなどを徹底。「今季は追い込んで（ボールを）取ろうという意識が強い。去年は真ん中にボールを出させて取るイメージだったけど、今年はサイドにボールを出させて、という感じ」と、昨季との変更点を藤本康太は感じていた。

沖縄キャンプ終盤、東風平運動公園サッカー場で行われたFC琉球との練習試合では、前年の基本布陣である「4―2―3―1」はそのままに、シンプリシオが退団したトップ下に長谷川を置く形が機能。この試合の1点目は、ボランチの山口が1トップの柿谷に縦パス。柿谷の丁寧な落としを受けたトップ下の長谷川が、右サイドの杉本健勇へスルーパス。杉本がワントラップから落ち着いて左足で決めた。一連の流れるような得点には山口も「去年、ファビオ（・シンプリシオ）がやっていたような、真ん中で受けてチームの流れを良くしていくプレーをアーリアくんがやってくれている」と手ごたえを語った。ポポヴィッチ監督の愛弟子である長谷川も、「監督のやりたいサッカーはみんな分かってきたと思う」と充実した表情で話した。

沖縄キャンプを振り返ってポポヴィッチ監督は、「戦術、フィジカル面ともに強化できた。宮崎でも、沖縄でやってきたことをベースにすべての面を高めたい」と総括。フォルランの合流について問われた際の、「高いレベルで競争してほしい。誰か一人に依存するのではなく、チームとして機能すること。チームが個を生かすということ」と語る指揮官の言葉に、説得力はあった。

なお、沖縄では連日多くのファン・サポーターが練習場所に詰めかけ、熱気に溢れた。2013年にJリーグを沸かせたセレッソフィーバーが日本の最南端まで届いていることが実感できた。反政府デモが収まらず、政情不安の余波を受けてタイキャンプが中止となり、急きょ行われた沖縄キャンプだったが、大成功となった。

続く宮崎キャンプでは、入団会見を終えたばかりのフォルランがついに合流する。沖縄キャンプで高めた組織にどう彼が融合するか。大きな注目点となった。

宮崎キャンプ初日。チームでの初練習後にフォルランは、「日本のサッカーは技術レベルが高くて速いということは頭にあったが、今日一緒にやってみて、あらためてそれを感じた。若い選手も経験ある選手も技術レベルが高く、スピードも速い」と評価した一方、宮崎キャンプ2日目に行われたミニゲームでシュートが少ないことを感じると、チームメートに「積極的にシュートを打つこと」を身振り手振りで要求。そして、宮崎キャンプ3日目。ファジアーノ岡山との練習試合で加入後初先発すると、前日の自身の言葉の有言実行とばかりに、35メートルのスーパーゴールを決めた。

「彼に期待しているのは得点。（岡山との練習試合では）誰も予想していないところから決めた。まさにトップクラスであり、違いを作れる選手」（ポポヴィッチ監督）

「これだけみんなが注目する試合であいうゴールを決めるのは本当にすごい」（柿谷）
監督や選手から賛辞の言葉が飛び出した一方、1試合を通じて見た感想は、既存の組織にフォルランを組み込む難しさだった。
フォルランと初めて2トップを組んだ柿谷は、「今日は特に守備の部分は意識してプレーした。ディエゴに、より自由にプレーしてほしいという気持ちもあった。もちろん自分が自由になるためにディエゴと交互に守備をする部分もあるけど、まだ（フォルランは）コンディションが100％ではないと思う。（フォルランは）チームの距離感を気にするタイプ。ボランチまで下がって受けたり、左右どちらかに行った時は、『俺の反対側に行ってくれ』と言ったり。（フォルランが下がって受ける場面もあったが？）そういう時に、タカ（扇原）とか（山口）蛍に、『俺のポジションまで上がって来てほしい』ということも言っていた。（ピッチでのフォルランとのコミュニケーションは？）いまはその場、その場で言われるままに動いている感じ。まだ練習時間が短いので、（10日後に迫ったACL初戦までに）どこまで詰められるか」と語っていたが、ポジションに囚われない背番号10の動きに、味方がポジションを取り直す場面も多く見られた。キック、トラップ、FKなど、プレーの一つひとつに凄味があったことは紛れもない事実だが、沖縄キャンプから取り組んできた素早い攻守の切り替えなど、チームとしての組織が崩れかねない危うさも感じさせた。もちろん、この日のように周囲を納得させる得点を奪い続ければ、他のチームメートの多少の犠牲も問題はないのだが——。

宮崎キャンプ最終日には、ベガルタ仙台との練習試合が組まれた。

左太ももの違和感で大事を取ったフォルランが欠場した中で、中盤から前の先発メンバーは、沖縄キャンプの琉球戦とまったく同じだった。1トップに柿谷。左サイドMFに南野。トップ下に長谷川。右MFに杉本。ダブルボランチが山口と扇原といった布陣だ。

攻撃では効果的なパス交換から仙台の守備を翻弄する場面もあり、守備での距離感も良く、現時点でのベストメンバーと確認することができた。順調に進むチーム作りの一方で、フォルランの組み込みには不安も残した宮崎での2次キャンプだった。

宮崎キャンプを終えたC大阪は舞洲に戻り、3年ぶりの出場となるACL第1節・浦項スティーラーズ戦へ、最終準備に入った。この時点で、宮崎キャンプのラスト2日を離脱したフォルランも合流。「左足は問題ない」ときっぱり話した。

C大阪のOBでもあるファン・ソンホン監督が率いる2013年の韓国王者・浦項。キム・ジンヒョンは、「(浦項は)外国籍の選手がいないぶん、みんなが良いコミュニケーションを取っている。チームが一つになっている部分が一番怖い。つなぐサッカーをやっている。そこで自信を持たせると、相手の良さを出させてしまう。しっかりプレスを掛けて、切るところは切って、相手の良さを出させないようにしたい」と、相手を分析していた。

試合は、宮崎キャンプの仙台戦とまったく同じ11人で臨むと、11分にオフサイドラインギリギリで抜け出した柿谷へ山口が絶妙なパスを通し、柿谷が見事なトラップから鋭いフェイントを挟んで華麗なループシュートを決めた。ただし、C大阪ペースだった前半から一転、後半は相手に試合を掌握され、61分に失点を喫する。

すると、直後の62分にポポヴィッチ監督は南野に代えてフォルランを投入する。

しかし、流れを変えることはできなかった。昨季のリーグ王者・広島とのJリーグ開幕戦を4日後に控えた試合でも、フォルランはフィットせず、試合をこなしながら自身の状態と周囲とのコンビネーションを高めていくこととなった。

Jリーグ開幕2日前の練習は、ヤンマースタジアム長居で一般非公開の中、行われた。紅白戦で2トップを組んだのは柿谷とフォルラン。得点力アップへ、期待をふくらませる報道陣に対して、柿谷は冷静に対応した。

「バランスが崩れたら意味がない。常にバランスは意識してプレーしたい」

紅白戦では、守備も含めて細心の注意を払ってプレーしている様子が印象的だった。

フォルラン獲得で開幕前の話題を独占したC大阪が、ホームにリーグ連覇中の広島を迎えた開幕戦。エルゴラッソの見出しには、『揺るがぬ王者。新興の桜軍団を堅守で封殺』とあるが、まさに盤石な広島の前に、〝史上最攻〟の攻撃陣は沈黙を強いられた。機を見た広島の攻撃も見事だった。

試合後、広島のキャプテンである青山敏弘は誇らしげに語った。

「自分たちはこの2年、結果を残してきた。この2年で積み重ねてきたものはC大阪を上回るし、その部分で自信はあった」

この年の広島は、GK林卓人とMF柴崎晃誠が新加入だったが、彼らも問題なくフィット。髙萩洋次郎とミキッチの負傷離脱も、野津田岳人とファン・ソッコが穴を埋めた。森保一監督も「チーム全体で誰が出ても、われわれらしいコンセプトの上で攻守にプレーができる」と試合後に話したが、チームの経験値、完成度の高さで違いを見せ付けられた。

その一方で、あいにくの雨模様の中、この日ヤンマースタジアム長居に集まった観衆の数は37，079人。（2013年の新潟とのホーム開幕戦は15，051人）。2014年のホーム開幕戦としては埼玉スタジアム（浦和レッズ）の42，850人に肉薄する数字であり、Jリーグのリーディングクラブにならんとする気概は示した。

なお、2013年のホーム最高入場者数は第33節・鹿島アントラーズ戦の36，361人であったが、その数字を上回った。『20年の想いを込めて　今年こそタイトルを！』との横断幕が掲げられたC大阪のゴール裏もびっしりと埋まっており、その眺めは壮観だった。宮崎キャンプでは、ウルグアイの英雄の一挙手一投足にメディアの注目は集まり、TVカメラの台数に押されてペン記者は端に追いやられる状態でもあったが、この試合に取材申請したメディアの数は485人。試合後のミックスゾーンでも、フォルランや柿谷の周りには、二重三重の人垣が生まれていた。その中で柿谷は「これだけ多くの方に来てもらって、勝つことができなかった。チームとしても個人としても情けない」と絞り出すように話した。

加熱の一途を辿ったフォルランフィーバーに浴びせられた王者の洗礼。ここから〝タレント軍団〟がどう真価を発揮していくのかが問われたのだった。

ポポヴィッチ監督の試行錯誤と苦悩

世間の耳目を集めた開幕戦後、敵地での徳島戦となった第2節は、柿谷の〝凱旋〟に鳴門大塚ポカリスエットスタジアムは沸いた。C大阪は昇格組の徳島に2−0で勝利したが、FKから先制点を決めた山口は「相手の流れになったとき、自分たちに流れを持ってくる修正力が足りない」と反省点を話した。

その後、ACLグループステージ第2節・山東魯能戦（1●3）で味わった〝ワグネルラブ・ショック〟を挟んで迎えたリーグ第3節の清水戦（4○1）では、柿谷が意図的にトップ下でプレー。フォルランとの位置関係をハッキリさせ、攻撃に流れを生み出すと、3日後にホームで行われたACLグループステージ第3節のブリーラム戦（4○0）でも柿谷はトップ下で攻撃にリズムを作る。公式戦6試合目にして、フォルランにも待望の来日初ゴールが生まれた。この試合でフォルランは、移籍後初のフル出場。「昨年8月以降、2試合連続で先発する機会から遠ざかっていた。こうやって試合に出続けることで状態も上がっていく」と満足気に話した。

続く第4節の鹿島戦も2―0で勝利し、公式戦3連勝。リーグの順位も2位に浮上した。生みの苦しみを味わった序盤から、次第にチームが固まり、加速する――。そんな期待を抱かせたが、第5節・新潟戦（0△0）で連勝がストップすると、続くアウェイでのACLグループステージ第4節・ブリーラム戦（2△2）では2点を先制され、山下の2得点でなんとか追い付くドローが精一杯。敵地での激闘の疲労が色濃く残ったリーグ第6節・柏戦は1―2で敗戦。乗り切れない戦いが続いた。

迎えた第7節は、大阪の雄の座を懸けた大阪ダービーだった。

G大阪がリーグ初優勝を飾った2005年。いわゆるC大阪にとっての〝長居の悲劇〟を境に、G大阪は強豪の道を歩み、2008年にはACLも制覇。その間、C大阪は2度目のＪ２で悪戦苦闘するなど、大阪の勢力図は青黒一色に染め上げられていたが、「いまはセレッソの時代が来ていると思う。そういう時代にしていかないといけない」と試合前に山口が話したように、Ｃ大阪がＪ１昇格を果たした２０１０年以降、リーグ戦での大阪ダービーの戦績は、Ｃ大阪の１勝３分２敗。大きく水をあけられたかつての姿はそこにはない。２０１１年に万博で行われたＡＣＬラウンド16の一発勝負では、高橋大輔（現Ｃ大阪U-23コーチ）の劇的なゴールで歴史的勝利も飾った。

「大阪ダービーと言えばやられているイメージだけど、自分たちの世代では勝ちたい」

柿谷もこの一戦に強い意気込みを見せていた。

２０１４年４月12日、盟主交代を懸けて挑んだリーグ戦31回目の大阪ダービー。前売りチケットは完売（ヤンマースタジアム長居で行われる試合で前売りチケット完売は史上初）し、ダービー史上最高の４２，７２３人を集めた。なお、この人数はＣ大阪史上でも歴代３位。１位は２００５年第34節のＦＣ東京戦４３，９２７人、２位は２０００年の１ｓｔ第15節・川崎フロンターレ戦４３，１９３人である。

このビッグマッチで輝いたのは、フォルランだった。

ここまで力を発揮し切れずにいたウルグアイの英雄が、ついにその真価を見せた。21分に柿谷と山口との鮮やかな連係から先制点を奪うと、逆転されて迎えた62分には直接FKを叩き込み、スタジアムは興奮の坩堝と化した。「ダービーは得意」。試合前も上機嫌に話していたフォルランは、苦しんだ3月を経て、次第に調子を上げていた。ブリーラム戦でのタイ遠征を回避し、練習場でトレーニングを行った際は、居残りで練習についていたスタッフによると、U－18の選手に交じって一心不乱に汗を流し、コンディションを高めていたという。

ただし、そんな〝主役〟が結果を出しても、G大阪の意地の前に、C大阪は勝利をつかむことはできなかった。結果は2－2。この時点でJ2降格圏に喘ぐG大阪を叩き、再び上位浮上――という青写真は叶わなかった。

大阪ダービーという、肉体的にもメンタル的にも消耗が激しいビッグマッチを終え、4日後に迎えたホームのACLグループステージ第5節・浦項戦は、ピッチに魂を落とすことができなかった。

前半に先制されると、前半終了間際には南野が足裏を見せる危険なタックルによりレッドカードを受けて退場。この判定に抗議したポポヴィッチ監督も前半終了後に退席処分を命じられる。後半も追加点を奪われ完敗を喫した。続くリーグ第8節はポポヴィッチ監督にとっての古巣であるFC東京との一戦。ここまで公式戦5試合勝利なしのC大阪は、ACLとの両立という難しさに直面していたが、休む間もなくビッグゲームが続いた。ポポヴィッチ監督だけではなく、長谷川にとっても特別な一戦である。万全の状態で迎えることができればよかったが、それもACL出場クラブの宿命である。

「浦項戦を引きずっても仕方ない。目の前の勝利を目指して戦う」（柿谷）

C大阪は気持ちを奮い立たせてアウェイに乗り込んだ。

味スタでのFC東京対C大阪と言えば、前年のJ1第31節では、GKキム・ジンヒョンのキックに抜け出した柿谷が、相手ディフェンスラインの裏を突いて決勝点。C大阪にとっては会心の勝利だった。

しかし、大阪ダービーに続いて前売りチケット完売となった2014年の一戦は、内容、結果ともにC大阪はFC東京に完敗したと言っていい。この年から、ポポヴィッチ監督の後を継いで青赤の指揮官となったマッシモ・フィッカデンティ監督が整備したFC東京の守備の前に、〝ポポ・セレッソ〟は攻め手を見いだせず、後半に相手のカウンター2発に沈んだ。現在はブンデスリーガのマインツで活躍する武藤嘉紀のリーグ初ゴールが生まれたのもこの試合だった。

エルゴラッソのマッチレポート内に記されたC大阪のコラムのタイトルは、『亀裂が生じる前に。リアルな危機感はあるか』。このタイトルの発端となったのは、「中断期間を前に、優勝を目指せない位置になってしまう可能性もある。リアルな危機感があるのかどうか。ピッチに立つ選手、立たない選手に関係なく、選手・スタッフが同じ温度にならないといけない」との新井場の言葉だが、この時期、指揮官はしばしば「(周囲からの)期待が大き過ぎる」と口にしていた。このあたりから、少しずつチームにひずみが生じてきていたように思う。現場と強化部の間でのコミュニケーションも、もっと取るべきだった。

開幕前のエルゴラッソ1418号にて、本紙解説を務める小見幸隆氏は、シーズン展望としてクラブとしての一体感について言及している。

「開幕を迎えるにあたって、忘れてはいけないのは〝和〟が大事だということ。クラブの中で、現場、経営陣、強化部のそれぞれが信頼し合ってうまくやれているか。世間からすれば見えない部分。それをクラブとしてどう見ているのか。これをきちんとしないと、優勝や昇格の二文字はない。勝負が始まってみないと分からないトラブルはある。勝てなくなってくると、選手もスタッフも、会社側もイライラしてくる。そうなってしまうと、話し合いもうまくいかなくなってくる。『40』もクラブがあれば、内部で衝突があるチームが出てくるのも当然。それが水漏れ程度か、爆発レベルかはそれぞれだが、必ず何かしら起こる。揉め事の大小は別にして、半分くらいが〝揉めているクラブ〟。良くないパターンは、少し亀裂が生じたときに経営陣がすぐに口を出して、人事を決めてしまう場合。そうなってしまうと、亀裂が広がっていく。何度も言っているが、〝和〟のないところに優勝はない。見ている方も、それを頭に置いておくといいだろう」

2014年のC大阪の行く末を振り返ると、実に示唆に富んでいた。

ピッチ内のサッカーにも齟齬が生まれていた。

2013年の〝レヴィー・セレッソ〟は、柿谷の抜け出しや駆け引きのうまさ、トラップの技術や決定力を最大限に生かした戦い方をチームとして突き詰めた。守備を固めて、攻撃では柿谷の技術を生かす。柿谷にパスを合わせる選手も、シンプリシオや扇原、枝村匠馬など豊富に存在していた。守備から攻撃への切り替えも速く、いわゆるカウンターが猛威を振るった。

一方、〝ポポ・セレッソ〟のスタイルはポゼッションだ。美しい攻撃を哲学として持ちながらも、時に現実主義者としての顔も持っていたクルピ監督と異なり、ポポヴィッチ監督は良くも悪くも理想主義者としての色が濃かった。攻撃時は、「ボールを持っている選手を孤立させないこと。常にボールホルダーへのサポートを行うこと」が基本。もちろん、就任当初に述べていたように、「ただのボール回しにならないことも重要。よりシンプルに最短距離で相手のゴールを狙うこと、相手の背後を狙うこと」も指示として授けていた指揮官ではあるが、「縦パスが無理なら、時間をかけてでも自分たちで時間を作ってボールを保持する時間を長くする」（扇原）ことも約束事として存在していた。

シーズンが始まり、相手守備陣がC大阪の攻撃を警戒してくると、必然的に素早く攻めるシーンは限られ、「相手の前で回しているだけで、相手にとって怖い攻撃ができていない」（長谷川）不要なポゼッションも増えた。それはすなわち、２０１３年に輝いた選手個々の持ち味を消してしまうということでもあった。

さらには、ボールを長時間保持した後の狙いすました縦パスは、相手ＤＦに読まれる傾向も強くなる。絶妙な動き出しで勝負するフォルランの個性が生かされる場面も少なかった。フォルランがＣ大阪加入を決めた理由は、Ｃ大阪の熱意、日本という国への親近感が大きかったことは述べた通りだが、「２０１３年の（親善試合）マンチェスター・ユナイテッド戦でＣ大阪が見せたスピーディーな攻撃」も理由の一つだった。しかし、２０１４年のチームは前年とは違うチームになっていた。

また、攻撃の停滞だけではなく、前線に配置したフォルランがファーストディフェンダーとしての機能性に乏しいため、沖縄キャンプから取り組んできたプレスと攻守の切り替えといった守備の約束事も次第に曖昧になった。最終的にＣＢの山下が個人の力で防ぐ場面も多くなり、後ろで耐える、はね返すという守備が、ピッチに現れるようになる。

攻守において目指した形の構築が進まず、結果も思うように付いてこないことで、ポポヴィッチ監督の精神状態も少しずつ乱れ始めた。

第7節の大阪ダービー後の会見では、「私たちはトップを獲るために戦っており、そこが私たちの目標でもある。ただし、圧倒的な力を見せて勝つのは不可能。トップに向けてチーム作りをしていく上で、時間がかかるのは当たり前のこと。少しずつ着実に、質を上げていくことが大切だと思っている。サポーターの皆さんも、試合後にブーイングをしていたと思うが、内容はどうだったのか。相手に負けて恥ずかしい試合だったのかというと、私は下を向く内容ではなかったと思う。結果だけではなく、そういったサッカーを見る目を身につけていただきたい」とまくし立てた。

発言内容の前半部はもっともではあるのだが、ダービーを迎える週、当の本人が、「私は選手時代にビッグクラブでのダービーの経験はないが、オーストリア時代は2強だった（1997~2001年にシュトゥルム・グラーツに所属。グラーツァAKとはライバル関係だった）。その2チームが同じ街にあるということで、特別な試合だった。負ければしばらくその街を歩けない。普段は仲の良い親友ともダービーが始まる週は口をきかない。隣の家の人がライバルチームを応援していたら、負けたほうが自分の車を相手チームのカラーに染めて1カ月運転する、ということもある」など、ダービーの持つ〝結果〟の重要性を熱っぽく語っていただけに、少なからず矛盾も感じられた。リーグ戦で得点が生まれない柿谷について、生かし方を問う報道陣に対しても苛立ちを隠せず、「期待やプレッシャーを背負い切れていない選手がいる」と責任転嫁とも言える苦言も口にするようになった。

それでも、公式戦6戦勝ちなしで迎えたACLグループステージ第6節・山東魯能戦（2〇1）は、フォルランを1トップに、柿谷と長谷川をシャドーで起用。今季初の「3－4－2－1」で挑むと、この布陣が機能する。相手に先制される苦しい展開ながら、柿谷とフォルランがゴールを決め、起死回生の逆転勝利でグループステージ突破を決めた。戦い方としては、守備では、山下、染谷悠太、ゴイコ・カチャルの3バックがしっかり守る。攻撃では、奪ったら縦に速く。後ろを固めて相手を引き出し、空いたスペースを攻略した見事な得点だった。それは前年のスタイルにも似た形。フォルランの守備力の低さも補え、手数をかけ過ぎずにフィニッシュへ至る攻撃スタイルは、フォルランと柿谷の特長にも合っていた。両エースの共存問題に解決の糸口が見えたかに思われた。

同システムで挑んだリーグ第9節・神戸戦（2△2）でもフォルランは2得点の大活躍。特に、相手DFの背後を取って右足でファーサイドを狙い、GKの手前でワンバウンドさせて決めた2点目はワールドクラスの一撃であり、9年ぶりに2万5千人を超える観衆が集まったノエビアスタジアムに熱狂の渦を巻き起こした。

ACLのアウェイ戦から帰国直後、中2日にもかかわらず運動量も多く、気持ちも乗っていたフォルラン。しかし、2得点目を決めた9分後、ポポヴィッチ監督はお役御免とばかりに彼をベンチに下げた。指揮官としてみれば、連戦続きで疲労も考慮した上での采配だったのだが、ロッカールームに引き上げたフォルランは「まだまだやれた」とばかりに、不満を露わにした。試合も追い付かれての引き分けに終わったことで、試合後は何とも言えない後味の悪さが残った。

続く第10節の大宮アルディージャ戦も勝ちゲームに等しい内容をドロー（1△1）で終

えるなど、どこか波に乗り切れない。それでも、「やっていることは間違っていない」（柿谷）、「やり続けることが大事」（山口）と、日本代表の二人が口をそろえて臨んだ第11節・名古屋戦（豊田スタジアムでのリーグ戦最多観客数を更新。38，966人）では、柿谷が待望のリーグ戦今季初得点を決めた。その後、一人退場者を出す苦しい展開ながら、フォルランが決勝ゴールを決め、リーグ戦では第4節以来となる7試合ぶりの勝利（2○1）を手にした。10人になりながらも最後まで勝利を目指して戦い抜いたメンタリティーは素晴らしく、チャンスを決め切り、苦しい時間帯も体を張ってしのぐ姿は、まさしく昨季の結果が出ていた時の戦いぶりを彷彿とさせた。

ただし、そんなポポヴィッチ監督就任後のベストマッチとも呼べる内容で生まれたいい流れも、続くACLラウンド16の広州恒大との第1戦（1●5）で吹き飛んでしまった。

2013年のアジア王者とのホームでの一戦に対して、ポポヴィッチ監督は奇策とも言える、山口を右ウイングバックに、カチャルをボランチに置く新たな形で挑んだ。快足ブラジル人プレーヤーであるムリキのいるサイドに活動量のある山口を置いて対峙させる意図は見えたのだが、この配置は試合前日の紅白戦で10分ほど試しただけの急ごしらえだった。結果的に、今季初の試みは失敗に終わる。急造の右サイドが機能せず、失点を重ねた。もちろん、配置うんぬんの前に、広州恒大の力が上だったことも認める必要はあるが、この試合をアルベルト・ザッケローニ日本代表監督（当時）とともに視察した原博実技術委員長（当時）の、「（山口は）持ち場じゃないポジションに入って、本来の良さが出る前に終わった感じだね」という言葉が的確だった。

上昇ムードを折られた広州恒大との一戦から中3日。リーグ第13節・仙台戦（0●1）は心身ともに厳しい試合になることは予想できた。この試合では、再び「4―2―3―1」に戻して戦ったポポヴィッチ監督だが、ボールは握るも点を取り切れない悪癖が顔を覗かせ、運動量が落ちた後半に失点。仙台にとっては狙い通りの展開だった。

そして、W杯による中断前最後の試合。リーグ第14節の浦和戦（54，350人、試合時点で2014シーズンのJリーグ最多観客数）は、アウェイでの広州恒大とのACLラウンド16・第2戦（1〇0）で温存させた主力を投入するも、チームは沈黙（0●1）。同郷の因縁の相手であるミハイロ・ペトロヴィッチ監督率いる浦和に対して、ポポヴィッチ監督は相手に合わせた［5−4−1］のミラーゲームで挑むも、「カラスが鵜（う）の真似をすると溺れる」と試合後にペトロヴィッチ監督に痛烈に批判された腰の引けた戦いで、C大阪は前向きなプレーがまったくできなかった。それは、「攻め続ける」意思を持って5得点を奪った半年前の埼スタでの浦和戦とは180度異なる姿だった。

Jリーグ参入20年目の節目の年。フォルラン獲得という一大プロジェクトで初タイトル獲得への機運は高まり、かつてない注目を集めた中でスタートした2014シーズン。プレッシャーもあった。序盤はフォルランがなかなかフィットしなかった。移動距離が長く、過密日程との戦いとなるACLとの並行という難しさもあった。その中で、苦悩の色も滲ませながら、試行錯誤を続けて上向きを図ったポポヴィッチ監督だが、リーグ13位、ACLでもラウンド16敗退という結果で、ブラジルW杯による中断期間を迎えた。

重圧と戦い続けた柿谷曜一朗

苦しんだチームと同様、2014年の上半期は、2013年に大きな輝きを放った柿谷にとっても試練の連続だった。フォルラン獲得が決まった翌日。

「ポジションが被っている。このままではベンチになる」

本音とも冗談ともつかないコメントを残した柿谷だったが、フォルランとの共存が2014年のテーマの一つとなったことは間違いない。

C大阪のエースナンバー8番を背負って2年目。チームは初タイトルが期待されている。個人としては、出場すれば自身初となるブラジルW杯も控えた中で、フォルランとの関係性を構築しなければならない。プレー面で、メンタル面で、さまざまな経緯を経て自身の長所も短所も知り尽くしてくれていたクルピ監督もチームを去った。「プレッシャーを力に変えたい」と常々話していた柿谷だが、いろいろな重圧が彼にのしかかっていたことは想像に難くない。

２０１４年の始動日。「今年は昨年以上にしんどくなる。監督が代わったこともあるし、いろいろな意味で大変な年になる。自分にしっかり勝たないといけない」と殊勝に話していたが、その見立ては当たった。

２０１３年、柿谷は7月の東アジア杯でA代表に初招集されると、大会得点王で日本を優勝に導き、その後もA代表に定着。Ｊリーグでは、技巧的なトラップからの正確なシュートで見る者を魅了する得点を量産し、瞬く間に日本サッカー界のメインキャストに躍り出ていた。

「周りからは去年が〝普通〟と思われている。去年以上の活躍をしないといけないから、ちょっと（去年は）やり過ぎたとも思っている（笑）。でも、〝できる〟ということは去年示したので、あとは自分がやるだけ」

しかし、２０１４年の柿谷は苦しみ続けた。

まず、ポジションと役割が定まらなかった。

１トップという確立された場所で得点に集中できた２０１３年と異なり、２０１４年はキャンプからトップ下を任されることもあり、フォルランがチームにフィットし切れない序盤は、自身が中盤でゲームメークする場面も目立った。器用な選手ゆえ、そつなくこなしてはいたが、ゴールから遠ざかるぶん、必然的に得点の機会は減った。それでもJリーグに比べて相手の警戒レベルが下がるACLでは順調に得点を重ねたが、リーグ戦でのゴールは第11節まで待たなければならなかった。

ただし、プレーそのものは決して不調だったわけではない。仕事量が増えた2014年は2013年以上にチームプレーに徹する姿が目立った。守備に奔走する姿も頻繁に見られた。「Jリーグで無得点が続くが？」といった報道陣の質問には、「周りからはそう言われるけど、チームが勝つためにやっている。一つ決めれば、そういう声もなくなる。チーム全体が良くなるようにやっていきたい」と話していたように、2013年とは違う〝新チーム〟を機能させていく中で、多岐に渡った役割を懸命にこなした。

フォルランとのコンビについても互いに尊重する姿勢も見られた。「『ディエゴさん、はい、そうですか』と聞いているようではダメ」というコメントが誇張されて伝わることなどもあったが、それは「自信がある部分は学ぶ必要はない」という、プロとしての自負心の表れでもある。フォルランとポジションが重なることで彼自身の得点が減ったことは事実だが、愚痴をこぼすことなく、「チームメートなので遠慮することなく、要求するところは要求しないといけない。でも、やっぱり経験が違うので、いろいろなことを学べると思う。ディエゴとうまくプレーすることで、チームもいい方向に進むと思う」とも話していた。「チームの勝利のため」というベクトルにブレはなかった。

それでも、得点という結果でチームを勝利に導くのが桜のエースナンバー8の定めでもある。本人もそれは痛感していた。「毎試合、1ゴールを決めてチームを勝たせないとアカンとは思っている。ポジションが下がっているから取れないというのは言い訳。僕が決めていれば勝てた試合はいっぱいあった」と述べた日もあった。

笑顔が溢れた2013年に比べ、2014年は険しい表情も増えた柿谷だが、ブラジルW杯のメンバー発表があった5月12日は、安堵と喜びが相まって、穏やかな顔つきで報道陣の前に現れた。ACLラウンド16・広州恒大との第2戦を翌日に控えた中国・広州の地、チームが宿泊するホテルの一室で行われた会見では、「めっちゃうれしいです！」と素直に喜びを伝える第一声の後、名前を呼ばれた瞬間の気持ちについて、「（会見の映像を）

蛍と見ていた。蛍が先に呼ばれて、『よし！』とか言って（笑）。その後、（大久保）嘉人さん（川崎F）の名前が呼ばれて、『嘉人さん入った！』と思って。嘉人さんが呼ばれたことが僕もうれしくて。で、その後自分も選ばれて、うれしかった」とおどけた口調で話した。周囲からは〝当確〟とも見られていたが、今季それまでにリーグ戦ではわずか1点。不安も拭い切れなかった。

「セレッソで結果を残すために全力でプレーしてきたけど、残せない試合が多くここまで来て……。『そういう状態でどうなの？』という声も聞こえていた」

向けられる懐疑の視線が痛かった。それでも、「セレッソのために全力で」プレーしてきた信念だけは揺るぎなかった。

この年、「昨季よりも魅力的な」欧州からのオファーを蹴ってC大阪に残留した理由の一つは、「セレッソ大阪からW杯メンバーに選ばれるため」だった。

「森島（寛晃）さんとかアキさん（西澤明訓）の姿を見てサッカーをしてきて、自分がその立場になった時、〝セレッソ大阪で育った選手〟が行くのではなく、〝セレッソ大阪からW杯に行きたい〟と僕は思った。それが叶えられてすごくうれしく思う。セレッソ大阪を代表して、蛍とともにセレッソ大阪の歴史に名を刻んでいける選手になれるよう、これからもっと努力していきたい」

そう語るとともに、尊敬してやまない二人の大先輩には、「自分がここまで来られたのも、いま、楽しくサッカーができているのも二人のおかげ。『これからもよろしくお願いします』と送った」とすぐにメールした。

もう一人、自分からすぐに連絡したのは母親だった。

「ずっと支えてくれているのはもちろんだけど、この間は母の日で、毎年何かプレゼントしているけど、いまは中国にいるので、できなくて。『これでエエか?』って伝えた（笑）」

柿谷は少し照れ臭そうにそう話した。

喜びに溢れた会見では、自身のサッカー人生に大きな影響を与えてくれた徳島ヴォルティスと、プロ入りした2006年の半年間、ともにプレーし、その野性味あふれるたたずまいにプロとしてのあるべき姿を感じて当時から兄貴分と慕っている大久保嘉人も話題に挙がった。

「今までの自分を振り返った時、いまも立ち止まらず進んでいけるのは、徳島での2年半があったから。徳島での2年半のサッカー人生は、いまの自分にはなくてはならない期間だった。これからもっとしんどいこと、苦しいことも出てくると思うけど、立ち止まらずに進んでいけるのは、その間に支えてもらった人や時間があったから」

徳島にいた4年前の2010年。南アフリカW杯は、当時の柿谷にとっては遥かに遠く、手が届かぬモノだった。幼いころ、「自分も出る」と公言した世界最大の祭典を見ることしかできなかった中、映像を通じて、チームのために必死に戦う大久保の姿を目に焼き付けた。「あれだけ走って、守備もして、チームのために頑張っている」。感銘を受けた柿谷はすぐに連絡した。「お前も頑張れ!」。南アフリカから届いた大久保からの激励メールには、「でも嘉人さん、点は取ってないやん」と精一杯の強がりで返した。そんなエピソードを、やさぐれた心が次第にほぐれつつあった当時の柿谷は、うれしそうに伝えてくれた。

その後も徳島で心身ともに成長を遂げ、2012年にC大阪に復帰した柿谷は、J1で2年連続二ケタ得点を取り、2013年は「PKを除けば(得点王の)嘉人さんと一緒」の21点を記録した。「嘉人さんとプレーするのはホンマに久しぶり。体も切れていると思う。二人で切磋琢磨して、いい結果を出せるように頑張りたい。久しぶりなので、早く一緒に練習したい。楽しみ」と声を弾ませた。

会見の最後に、「あらためて、小さいころから夢見ていたW杯のメンバーに選ばれたことについては？」と問われると、「正直、夢みたいな話かなと自分でも思うけど、選ばれた以上、自信と責任をしっかり持ってプレーしたい。『自分はできる』。そういう気持ちをしっかり持って、プレーで表現したい。セレッソ大阪の代表として行くことも忘れずに、何より日本代表が勝つために、日本全体が一丸になって戦えたらいい」と話した。

年代別代表のころから将来を嘱望され続けてきた〝サッカーの申し子〟が初めて挑んだ世界最高峰の舞台。結果は厳しいものだった。

日本は1分2敗でグループリーグ敗退となり、柿谷自身も大会ではレギュラーを張ることができなかった。初戦のコートジボワール戦では86分に途中出場、第2戦のギリシャ戦は出場機会がなく、第3戦のコロンビア戦では69分に途中出場すると、93分には渾身のドリブルシュートを放ったが、決め切ることはできなかった。

不完全燃焼に終わった大会から帰国後は、大会中に第一報が報じられたバーゼル移籍の動きが加速した。

C大阪の練習に合流した7月4日。この日がW杯後初の公の取材の場ということで、まずはW杯を総括した。

「もっと上を目指していたし、期待して下さった方には申し訳ない。悔しい気持ちでいっぱい。チームとして、上のステージに行けなかったことが悔しい。もっとできたのではないかと思う。ただ、みんな4年間やってきたことを信じて戦ったし、全力でやった結果。現実を受け入れるしかない。これをまたバネにして、高いレベルに行けるようにしたい。自分自身も、3試合を通して監督に信頼してもらって試合に出たかったし、何かやろうという気持ちで常に準備はしてきたけど、思っていただけで何も形にできず、貢献できなかった。悔しい気持ちはあったけど、自分がもっと強くなろう、という気持ちも湧いた。W杯が終わった後、4年後は自分たちが引っ張っていかないといけないという話もした。

これからもっともっと強くなるために、一日一日を大切に過ごしたい」

この時点で去就に関するコメントは避けた柿谷だが、勝矢強化部長はバーゼルからの正式オファーを認めていた。〝バーゼルの柿谷〟の誕生が秒読みになるにつれ、練習場に集まるファン・サポーターの数は激増。4日の練習後は、約600人に対して一人ひとり、約2時間近くかけて対応し、最後は拍手を浴びながらクラブハウスに引き上げた。

3日後の7月7日、バーゼルへの完全移籍がC大阪より発表された。クラブを通して柿谷は、こうコメントしている。

「セレッソがめちゃくちゃ好きだし、一緒にやってきたみんなとタイトルを獲りたい気持ちはありました。でも、もう一度海外でプレーするチャンスが来て、W杯で悔しい思いをした中でいっぱい考えて、バーゼルでチャレンジしようと決めました」

7日の練習後の囲み取材では、移籍報道が先行したことについて、「サポーターあってこその自分、ということを誰よりも分かっている。もう少し（移籍を伝える）方法はなかったのかなと思う。サポーターになんて言ったらいいかということは難しい。消化したとも思っていない」と、応援してくれるファン・サポーターを何よりも大切にする柿谷らしい言葉も残した。C大阪の下部組織出身の選手としては初の海外移籍となった柿谷。9日、大阪市内のホテルにて行われた移籍会見では、移籍を決断した理由について、W杯での悔しさを真っ先に挙げた。

「日本の力を世界に示せなかったというのがすごく悔しかった。個人的にも、もっといい準備ができたんじゃないか、もっとチームに貢献できたんじゃないかと思った。ベンチから見ている時間が多かったけど、中心選手として試合に出たい気持ちが強くなった」

さらに、「たくさんの人に相談した」中で、「西澤（明訓）さんと大久保（嘉人）さんから、『海外に行かないと分からへんこともある。そういう経験を積むことは大事なこと。成功するかしないかは分からへんけど、行けるチャンスがあるなら行くべき』と言われた。自分もそれを経験したいと思えた」と敬愛する先輩二人の助言が後押しになったことも明かした。サポーターに対しては、「『セレッソでタイトルを獲ってから（海外に）行く』と言っていたので、すごく申し訳ない気持ち。自分からセレッソ大阪のユニフォームを脱ぐこともすごく難しい決断だった」と複雑な心境を吐露しつつ、「決めた以上、後悔はしていない。一生懸命やるだけ」と前向きに話した。

近年、C大阪からは何人もの選手が海外へ活躍の場を移している。いずれもファン、サポーターは一抹の寂しさを感じながらも、「頑張って来い」と送り出してきた。免疫はできている。ただし、柿谷だけは別だった。4歳からC大阪の下部組織で育った彼に対するC大阪サポーターの思い入れは深い。移籍が正式発表された翌8日の練習後は、途切れることのない人の波が柿谷に押し寄せ、別れを惜しんでいた。

そんな〝セレッソ愛〟が溢れたのが、W杯中断前の延期分として行われた7月15日の第12節・川崎F戦（1●2）。柿谷は自身も83分に途中出場した試合後、時折、涙も交えながらスピーチし、感極まった表情でこう話した。

「もっと強く、もっと8番が似合う選手になって帰って来たい」

来場した川崎Fサポーターも含む15，873人から大きな拍手が送られた。柿谷にとって激動の7カ月。最後は涙の旅立ちとなった。

2度の監督交代。迷走の果てに

W杯による中断期間中、C大阪は2週間のオフを設けた。そして、練習再開初日の6月9日、クラブはランコ・ポポヴィッチ監督およびヴラディッツァ・グルイッチヘッドコーチとの契約解除を発表した。

中断前最後の試合となった第14節・浦和戦では、相手に合わせた守備的な戦い方をした上での敗戦。ダメージの残る試合となった。リーグ戦の順位は中断前の第14節を終えた（未消化試合が1試合あり）時点で勝ち点16の13位。ACLもラウンド16で敗退していた。その後、一度はポポヴィッチ監督続投も視野に入れたフロントだが、最終的に解任を決断した。選手に監督解任が伝えられたのも9日だった。大熊裕司C大阪U－18監督の暫定指揮の下、フィジカルトレーニング中心で行われた練習後、チーム最年長の新井場を中心に、選手間で輪になって話す場面もあった。

「この世界、監督の交代はあるけど、選手も責任を感じて、『目標だけはブレずにやっていこう』と。新監督がどのタイミングで決まるか分からないけど、新監督が来てからではなく、いまからその気持ちでやろうと。まだ巻き返すチャンスはある。開幕前に掲げた目標をブラしてはいけない。監督が解任されたからとか、チームの現状がこうだから、とかで中位を目指すのではなく、開幕前の目標を目指そう、と。次に来る監督を信じて、その辺は選手でまとまって確認をした。（監督交代について）僕らは監督を評価する立場ではないけど、目標が優勝という形でスタートして今の順位。クラブが判断したということ。選手はここで不平不満を言うのではなく、とにかく一致団結してブレずにやっていくことが大事。次にどんな監督が来るかは分からないけど、クラブが出した答えに選手はついていくことが大事」（新井場）

希望に満ちた半年前のサポコンから一転、予期せぬ形で状況説明を求められた岡野社長は、憮然とした表情で報道陣に対応した。

「チームが手詰まりの状態。次の手を打つ時にそれが何かというと、監督交代だったということ。決してポポヴィッチ監督が悪い、ということではない。クラブとして彼がどうこうということは、一切ない」

次期監督を決める際に重視することについては、「勝つサッカーをすること」という、至極もっともではあるが、曖昧な答えに終始した後、報道陣がさらなる説明を求めると、「セレッソらしい、速くて楽しいサッカーを志向する監督」と話した。「悔しい3カ月を送った。今からまたシーズンが始まると思えばいいんと違う?」と、半年間の精査をおざなりにするような言葉もあった。

「スタジアムを満杯にして、何回でも見たい、行きたいと思ってもらえる試合を続けたい。最高のエンターテインメントを演出したい」

フォルランの加入会見にて、そう高らかに宣言した岡野社長。船出は希望に満ちていたが、開幕から2カ月半、当初の目論見通りにいかず、新生C大阪は低空飛行を続けた。

クラブから解任を告げられたポポヴィッチ監督が、最後にクラブハウスを訪れた6月9日。マルコ・ペッツァイオリ監督、パウロ・アウトゥオリ監督といった、その後、C大阪で指揮を執った指揮官が、去り際にメディア向けには一切の言葉を残さなかったのとは対照的に、ポポヴィッチ監督は最後まで報道陣の質問に答えた。すべての質問を遮ることなく、時折笑顔も覗かせ、時間にして10分以上の最後の囲み取材となった。
「セレッソ大阪というクラブで働けて光栄だった。自分を支えて関わってくれたすべてのスタッフに感謝したい。選手にも感謝の気持ちを伝えた。サポーターの皆さんにも、常に声援をいただけて、感謝しかない。こういう形で、志なかばでチームを去ることになったのは残念だけど、サッカーの世界では起こり得ること。悔いはない。クラブのために全力を尽くしてきたことは間違いない。ただ、一つ残念だと言えるのは、ACLも含めたタイトな日程の中、トレーニングに割く時間があまりにも少なかったこと。チームを強化していく時間が足りなかった」

別れ際には、それまでと同じように、記者一人ひとりとハグを交わして握手。「みなさんとも一緒に時間を共有し、ともに働けたことは幸せだった。今日までお付き合いいただいて感謝している。連絡をくれれば、いつでも話をしますよ」との言葉も添えられた。

直情的な性格であり、囲み取材や記者会見で取り乱すこともしばしばあったポポヴィッチ監督だが、たとえ厳しい原稿を書いたとしても、最終的には受け入れる懐の深さがあった。現役を引退後、2014年にトップチームのコーチとしてC大阪に戻ってきた高橋大輔が、大分時代の指揮官と選手との関係を振り返って、「あの人はどんな時でも逃げない」と開幕前に語っていたが、その言葉が脳裏をよぎった。半年間のチームマネジメントは〝不合格〟の烙印を押されても仕方がない。柿谷や南野といった2013年に輝いた個性をうまく生かし切ることができなかった。タイトな日程の中、選手のやりくりもうまくはなかった。優勝を目指してスタートした2014年の目標と照らし合わせた中で、上昇と停滞を繰り返す不安定なサッカーでは優勝にたどり着くとは思えず、当時の肌感覚では、筆者も解任は妥当だと思った。

それでも、尋常ではない注目を集めた2014年の上半期。ACLと並行した戦いという限られた時間の中で、ポポヴィッチ監督が懸命に仕事に取り組んでいたことは確かだった。いま、振り返ってみると、覚悟を決めて最後まで彼に指揮を託していれば、少なくともJ2降格という最悪の事態は免れていたかも知れない。

後任には、香川真司のドルトムント移籍などを手掛けた代理人のトーマス・クロート氏の推薦もあり、ドイツ国内や韓国でも指導経験があるマルコ・ペッツァイオリ監督が招かれた。

ブラジルW杯による中断期間中に行われた和歌山キャンプから指揮を執った同監督は、2009年のU-17欧州選手権優勝などドイツの年代別代表での実績もある。育成を重視するC大阪のクラブカラーに合致することも監督に選ばれた理由の一つだった。

「ドイツこそ現代サッカーの主流。スピード感を持ったサッカーを期待している」

勝矢強化部長はそう期待を寄せた。

練習では、早速、攻守の切り替えに重点が置かれたメニューが組まれた。前線からプレスを掛けるタイミング、一人目がプレスを掛けたあとの連動、相手がボールを持つ位置に応じた守備ラインの確認など、チームを構築する際の定石どおり、守備の約束事からチーム作りに着手した。ドイツで「ツヴァイカンプ」と呼ばれる1対1の競り合いにも強さを求め、サイドバックにも「一歩、半歩、間合いを詰めろ!」といった指示がさかんに飛んだ。攻撃では、パスコースに顔を出し、手数をかけずに素早くフィニッシュまで持っていくことを奨励した。

新監督の色がハッキリ出た6日間の和歌山キャンプだったが、全日程を取材した感想としては、浸透すれば非常に面白い戦術になるというポジティブな面もあった一方で、果たして短期間でこの戦術が浸透するのかという懸念もあった。イメージとしては現在の湘南ベルマーレに近く、運動量が求められる。夏場にこのサッカーができるのか。さらには、和歌山キャンプ後に合流するフォルランを、このサッカーに組み込めるのか。いくつもの不安要素が出てきた。2011年以降、ペッツァイオリ監督が指導現場から離れていた点も危惧された。

指揮官にとって気の毒な面もあった。W杯や負傷で主力選手の多くが和歌山キャンプのトレーニングに参加できなかったのだ。フォルランと山口はW杯で帯同できず、南野と杉本はけがでフルメニューをこなせなかった。

そんな和歌山キャンプで目立っていたのは、前川大河らC大阪U－18の選手たち。ペッツァイオリ監督の初陣となった天皇杯2回戦・ヴィアティン桑名戦（4○2）で、当時、高校3年生の阪本将基が2得点とチームを救う活躍を見せたのも納得がいく話だった。

柿谷のバーゼル移籍前最後の試合となった延期分の第12節・川崎F戦は、プレッシングを基調とする新監督が目指すサッカーの一端が披露された。ただし、時間の経過とともに川崎Fのパス回しの前にプレスの強度は落ち、パス回しに付いていけなくなると、あえなく逆転負けを喫した。

その後、W杯後に休暇を取っていたフォルランが合流。「4－3－3」の布陣が基本となる中、攻撃では前線で起点となり、さらにはプレスの急先鋒となるべき1トップにフォルランを置いたが、やはり難しさはあった。「プレス、コンパクト、縦に速い攻撃」。就任以降、指揮官が求めたことは一貫していたが、戦術をやり切ることも、遂行できなかった時の逃げ道も用意されていなかった。プレスに行けない時に、どう守備ラインを整えるのか。コンパクトさが保てずサイドにスペースができた時に、どうケアするのか。縦に速く攻めることができずに遅攻になった時に、どうボールをつなぐのか。課題を挙げればキリがなく、解決方法がなかなかチームに浸透しなかった。

ポポヴィッチ監督のサッカーとやり方が変わったことも、習熟の難しさに拍車をかけた。「やろうとしていることは間違いない」。そう山口も話していたように、時間が解決する問題でもあったのだが、シーズン途中で就任したペッツァイオリ監督にとっては、まさに時間との戦いでもあった。

また、ペッツァイオリ監督の志向するサッカーと個性が合っていた山口の離脱も痛かった。就任以降、リーグ戦5試合勝ちなしで迎えた第19節のFC東京戦（0△0）の途中に、山口は右ひざ外側半月板損傷で戦線離脱してしまった。以降も勝利が遠く、迎えた第22節の神戸戦（1●2）。試合に向けて非公開練習も増え、万全の準備で臨んだ試合で逆転負けを喫した試合後、記者会見を終えた指揮官は、「ホタルイナイ、ツライネ」と片言の日本語で記者に語りかけた。

残留争いに巻き込まれたチームにおいて、クラブは現状打破の救世主とすべく元ドイツ代表FWカカウの補強も行ったが、獲得の際に本人と起用法などを話し合っていたペッツァイオリ監督が、ほどなくして解任されてしまう。

禁断の、シーズン2度目の監督交代――。

クラブの緊急事態に火中の栗を拾う形となったのは、C大阪アカデミーダイレクターであり、C大阪U-18監督の大熊裕司だった。クラブからの要請に一度は固辞する構えを見せるも、もはや状況がそれを許さなかった。

大熊新監督にとっての初戦、天皇杯4回戦・磐田戦（2〇0）と続くリーグ第23節・柏戦（2〇0）は連勝で好スタートを切るも、2トップからプレスを掛ける戦術が機能しない試合はあっけなく敗れるなど、試合ごとの出来、不出来がハッキリしていた。ただし、トップチームの監督としては初めての指揮。「大変な状況だが、自分にやれることがあれば、チームのためにやる」と男気で引き受けた大熊裕司新監督だが、手腕を発揮するにはあまりにも酷な状況であった。

迷走した2014シーズン。第32節・仙台戦（3△3）前日に岡野社長の辞任が発表された。最後まで残留を目指して懸命に戦う現場をよそに、突然の辞意表明。士気低下も危惧された中、仙台戦は後半ロスタイムにカカウのゴラッソにより劇的に追い付く意地を見せた。

このように、負の流れに抗うべく戦ってきたチームだったが、結果は残酷だった。第33節・鹿島戦（1●4）でついにそのときが訪れる。ホーム最終節でJ2降格が決定――。『史上最攻』をスローガンに謳い、初タイトル獲得を目標に始まったシーズンは、誰もが予期せぬJ2降格という結末で終焉を迎えたのだった。

挑戦の年。脱クルピに失敗

J2降格という大きな傷跡が残った2014年のC大阪だが、すべてを否定する必要はない。「Jリーグのリーディングクラブ」となるべく挑戦したその気概は称賛されて然るべきだ。目標の52万人には届かなかったが、ホームでは過去最高の42万6，158人の観客を動員。アウェイでも各会場をクラブ記録レベルで満員にするなど、野心に満ちた挑戦は、〝功〟の部分もあった。

ただし、チーム運営という意味で一点、大きな見誤りをしていたのが、現場の最高責任者である監督の重要性および、チーム作りの根幹を成す強化部の立ち位置を軽く見ていたことだ。

2014年のC大阪は、シーズン途中でクルピ監督に頼らざるを得なくなった2012年に続いて、〝脱・クルピ〟に失敗した。

遡ること2013年10月9日。「来季の体制一新を図るクラブが、現体制との契約を更新しない意向を固めた」という情報が一部報道で流れた。レビィー・クルピ監督、同監督を支えたマテルヘッドコーチとホドウホフィジカルコーチ、さらにはクルピ監督と二人三脚でチームの強化に努めてきた梶野智強化部長とも契約を更新しないという内容だった。

当時の状況は、リーグ戦第28節を終えて首位・広島との勝ち点差は6。順位も5位で、逆転優勝をあきらめる立場ではなかった。

そんな状況下で、突如降って湧いた激震。その日の練習後、「今季限りで監督を辞めるという報道が出たが？」と問われたクルピ監督は、「まだ何も決まっていない」と前置きした上で、こう答えた。

「そういう話もあるかも知れない。先週、社長から『来年、フィロソフィーを変えるプランはある』という話はあった。サッカー界は何があってもおかしくないと思っている。ただ、まだまだシーズンが終わるまでには時間もある。自分自身、来年のことを考えるより、まず今季、タイトルを獲ることにこだわっていきたい」

フィロソフィーを変える？

セレッソがこれまで築いてきたスタイルを変えるのか。

「フロントの細かい考えは分からないが、一つのサイクルが終わるという意味だと理解している。若手選手を起用して、一つのサイクルを作り上げてきたが、予想以上に選手が早く海外に出てしまったこともある。スタイルについては、自分としては変えてほしくないが、次の監督次第ということも事実。ただし、セレッソに愛着はある。どうなろうが、これからも協力していきたい」

2013年11月25日、クラブはクルピ監督と来シーズンの契約を更新しないことを発表した。送られてきたリリースには、「セレッソ大阪に在籍していた間、サポーターの皆さん、関係者の皆さんにはいつも私を信頼し続けていただき、心から感謝しています。セレッソで過ごした年月を振り返ると、心あたたまる思い出ばかりです。これから先も、いつまでも私はセレッソを応援し続けます」との言葉が添えられていた。

監督交代の真意は何か。シーズン中ということもあり、この時点で表立って追求することはできなかったが、年明けのフォルラン獲得というプロジェクトが明るみに出るにつれ、予算的な理由も体制一新の一つであったことが、岡野社長の口から語られた。

なお、2013年の年末に行われた報道陣によるクルピ監督の送別会には、監督の魅力を物語るように、多数の人間が集まった。監督の夫人も同伴で行われたその会では、難しい話はなく、ブラジルのクリチーバに出店している日本料理店『AZUKI』の増築の話など、ざっくばらんなトークが繰り広げられた。話題は二人の馴れ初めにも及び、仲睦まじい姿を拝見することができた。

会の締めでクルピ監督は、「セレッソで過ごした時間は本当にかけがえのないものだった。みなさん、オブリガード！」と語った。クラブとはあくまで円満だった。この時のクルピ監督の表情を見て、安堵の気持ちを覚えた。

監督交代問題に話を戻すと、2014年のシーズン開幕前のサポコンでは、質疑応答の際、集まったサポーターから「昨年末、一部報道で『フィロソフィーを変える』というふうなことを言われていたが、新たなフィロソフィーとはどういうものか？」との質問が飛び出した。公の場で説明が求められた岡野社長は、こう答えた。

「昨年、一部報道で賑わせたように思います。当時、レヴィーと『優勝争いをやっている真っ只中で、残り試合をどう戦っていくんだ?』という議論をしていまして、『とにかくタイトルを獲る』と二人で盛り上がった時に、『セレッソの将来はいったいどうなるんだ?』という議論にもなりました。その時、レヴィー自身も、『俺もここまで関わってきたのだから、もっと協力するよ。いつでも俺に相談してくれ』ということで話は終わったのですが、その2、3日後くらいに、前のほうに座っておられる方(メディア各社)が『レヴィー退任』と。その翌日には『強化部長交代』という記事を書かれまして。レヴィーがその後、皆さまのインタビューを受けた時に、『(クラブは)フィロソフィーを変えるのだろうと、(報道陣に)言ってみたよ』と、マスコミが食い付きやすい発言をしてしまったということです。これが実は本質でございます。私も三十数年間ビジネスマンをやっていますが、日本の企業では仕事でフィロソフィーという言葉はあまり使いません。私もヤンマーでずっと働いていますけど、ヤンマーもフィロソフィーという言葉は使いません。そこでいきなりレヴィーから『フィロソフィー』という言葉が出たということで、私自身もちょっと考えたのですけど、この20年があって、その最後の6~7年の部分で、レヴィーが攻撃的サッカーを築いてくれた。われわれはその攻撃的サッカーの上に何を築いていくのか、ここから新しい一歩で何を踏み出すか、という議論をレヴィーとスタートさせていたところで、それとあの報道とが相まって、『フィロソフィー』という言葉が出てきたと考えています。それをイチイチ反論するのもなんだなというのがあって、ずっとそのままになって、いま、初めてしゃべらせていただきました」と話した。

「フィロソフィー」という単語が出てきた解釈は示されたが、肝心の監督交代に至った経緯は曖昧だった。補足説明は、チームを舵取りしていく立場である勝矢強化部長によってなされた。

「（クルピ政権では）個人のパフォーマンスに頼り過ぎていた。それによって勝敗が決まってしまう。組織力不足ということもわれわれは認識しました。そしてもう一つ、外国籍選手の活躍不足もありました。２０１４シーズン、われわれは組織力をアップする、選手の成長を促す、外国籍選手を補強する、この三つに着手しました。一つ目の組織力アップに関しては、（ポポヴィッチ）新監督を招聘しました。新監督は日本での実績もあり、若手を成長させる、攻撃的なサッカーの継承ができるということで、彼を招聘しました。

選手の成長を促すにあたって、少しマンネリがあった部分を新しくしました。新監督の目で、ゼロからスタートできる環境を整えました。外国籍選手に関しては、皆さまもご存知の通り、プレーヤーとしてはもちろん、プロフェッショナルとしてもお手本になる選手を獲得しました」

監督交代のキーワードとして挙げられたのが、「組織力不足」、「選手の成長を促すにあたってのマンネリ」の2点だった。

確かに、クルピ監督のサッカーは、いわゆる〝決め事〟は少なく、練習スタイルもパターン練習ではなく実戦形式がメイン。特に攻撃の選手については、「結果にこだわれ」と口を酸っぱくして言ってはいたが、基本的にはそれぞれのイマジネーションを尊重し、自由にプレーさせるスタイルだった。一見、組織とは反対の、個に任せたサッカーのようにも映るが、その実、選手一人ひとりをよく観察しており、選手の個性を生かしたチーム作りもうまかった。一口に「攻撃的」と言っても、2009年は香川真司と乾貴士の能力を最大限に生かした能動的に攻め切るサッカーを追求した一方で、2013年のベースは、守備のバランスにも気を配った中で、柿谷のシュートセンスを最大の武器としたカウンターだった。

自身も選手時代にCBだったクルピ監督は、守備の選手を伸ばす力にも長けていた。身体能力が高い山下に対しては、「判断力の重要性」を常に語っていた。山下は2011年に札幌へ移籍して試合に出続け、J1昇格に貢献した翌年、C大阪に復帰するのだが、試合経験を積んだことで「レヴィーが言っていたことがよく分かった」と後に語っている。

また、「マンネリ」という言葉に対しても素直には納得できなかった。クルピ監督は選手には常に「夢を持つ大切さ」を説き続け、サポーターが増加した2013年も「見た目ではない。サッカー選手として結果を残しているからこそ、応援されている」と選手としての本分をしっかりと認識させる声がけを定期的に行っていた。才能ある若手が道を外れることなく、しっかり伸びていく上で、この指導は極めて重要だった。

もちろん、いつまでもクルピ監督だけに頼るわけにもいかない。サッカー界では、監督の〝3年周期説〟(監督は3年で入れ替わることがベスト)というサイクルにまつわる話もあるくらいで、2度目のC大阪監督就任となった2007年から足掛け8年目となる2014シーズンは、交代のタイミングを模索しても不思議ではなかった。「レヴィーが築いてくれた攻撃サッカーの上に何を築いていくのか。新しい一歩で何を踏み出すのか」という岡野社長の問題提起はその通りでもあり、クラブとしての課題でもあった。

ただし、クルピ色に染められた長期政権からの変革は、デリケートな問題でもある。2012年にも、クルピ監督の後を継いだセルジオ・ソアレス監督が途中解任されている。一度失敗した〝変革〟を、再び求めた年。そして何より、優勝を求めた年。覚悟を持って迎え入れたはずのポポヴィッチ監督も、半年で解任。後述するが、解任理由も説明不足の感は残り、強化部がどこまで一蓮托生の姿勢でポポヴィッチ監督をサポートできていたのかも、疑問が残った。強化の仕事は、開幕前に監督を決め、選手をそろえることだけではない。シーズン後も日々の動向を追い、組織の綻びを未然に防ぐことも大きな役割だ。現場と密にコミュニケーションを取り、同じイメージを描く。問題点が発生すれば、共有する。もちろん、クラブの方向性や現状確認、軌道修正について、日々議論は交わされていたと思う。ただし、そこに明確な指針は見えてこなかった。

ポポヴィッチ監督の解任を発表した当日、報道陣に囲まれた勝矢強化部長は、「中断までの流れを踏まえて決めた。結果と試合の中身も見て決めた。いまのチーム状態を打開するため」と説明したが、「ポポヴィッチ監督が期待に応えてくれた部分と足りなかった部分について」問われると、「とにかく現状を打開すること」の一点張り。その後も、「巻き返していくために必要なことは？」「結果です」「結果を出すために必要なことは？」「コレということはない。サッカーに必要なことすべて」という会話が繰り返された。

監督選定がトップダウンで進んでいた側面もあったかも知れない。次期監督が決定していない時点で多くを語ることができない事情も理解できた。ただし、それらを踏まえても、「次にどんな監督が来るかは分からないけど、クラブが出した答えに選手は付いていくことが大事」（新井場）という選手たちの覚悟を考えると、漠然とした回答に聞こえた。

普段は話題も豊富で話の中身も面白く、人柄的にも魅力的で愛すべきキャラクターである勝矢強化部長。筆者も何度か複数人での食事の席に同席させていただいたことがあるが、お酒が好きで、美食家でもある。現在、C大阪の若手が入寮を義務付けられている選手寮で、食事を振る舞うほか、寮施設の管理や生活指導も行っている秀島弘寮長は、かつては兵庫県にある有馬温泉の老舗旅館「兵衛向陽閣」で、何年間にも渡って総料理長を務めた経歴の持ち主。香川が帰国すると真っ先に会いに行くことでも知られている秀島寮長をスカウトしてきたのが勝矢氏だ。選手としては、日本代表まで登りつめたドーハ戦士の一人。食事の席で語られたドーハでの日本代表の戦いぶりは、胸を焦がす内容だった。日本サッカー界の歴史を作ってきたレジェンドの一人であることは間違いない。ただし、クラブ史上かつてない大きな注目を集めた年に、強化部長という責任ある立場として、毅然とした態度でクラブを一つの方向に導くことはできなかった。

もちろん、勝矢氏だけの問題ではない。当時、どこまで（監督選定の）権限が与えられていたのかも含め、クラブ全体の問題でもある。監督を決める際に、綿密な調査の下、１００％の勝算を持って招き入れることは不可能であり、実際に指揮を執ってもらって分かることもある。交渉ごとゆえ、こちらが理想とした人物に断られることもあるだろう。すべてが理想どおりに事が運ばないことは承知している。とは言え、現場のトップを決める際の基準が曖昧であっては、常勝チームの構築は困難だ。一時的に強くなることはあったとしても、続けていくことは難しい。３度目のＪ２降格となった２０１４年は、世代交代に失敗したわけでもなければ、残した数字も降格したチームのそれではなかった。ただし、

「クルピ監督―梶野強化部長」の前体制にはあった、一本筋の通ったクラブ哲学が曖昧になった。プロの世界、勝つことでチームの一体感は増すが、結果が出なければ、監督の選手起用なども含め、選手個々に不満は溜まる。もちろん、実際に戦う選手にも結果の責任は当然あるが、本来持っているはずの力を発揮できず、どこか自分たちを信じ切れない負のサイクルに陥り、抜け出せない泥沼にハマったのが2014年だった。

現場と強化、クラブ全体が同じ方向性を共有して進まなければ、本当の意味での〝強いチーム〟を作ることはできない。

下部組織から育ってきた柿谷や山口がW杯のメンバーに選ばれるまでに成長し、ムーブメントを巻き起こした。フォルラン獲得によりその勢いは増し、開幕前は日本のサッカー界に熱狂を生み出した。しかし、最後はJ2降格という悲劇が待っていた。この濃密なシーズンを通して、筆者はその思いを強くした。

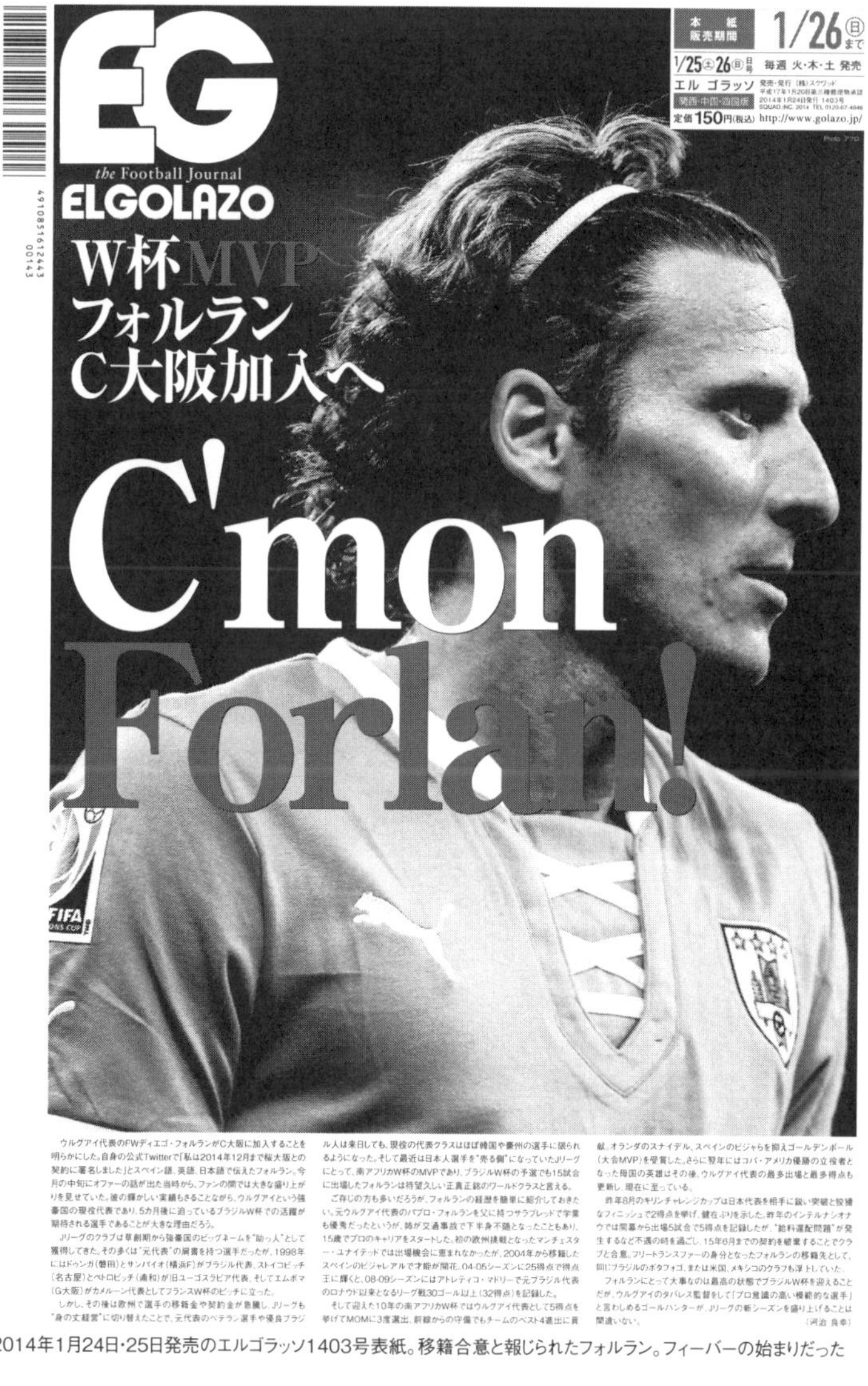

本紙販売期間 1/26(日)まで

1/25(土)26(日)号 毎週 火・木・土 発売

エル ゴラッソ 関西・中国・四国版

発売・発行 (株)スクワッド
平成17年1月20日第三種郵便物承認
2014年1月24日発行 1403号
SQUAD.INC. 2014 TEL 0120-67-4946

定価150円(税込) http://www.golazo.jp/

EG the Football Journal ELGOLAZO

W杯MVP フォルラン C大阪加入へ

C'mon Forlan!

Photo アフロ

ウルグアイ代表のFWディエゴ・フォルランがC大阪に加入することを明らかにした。自身の公式Twitterで「私は2014年12月まで桜大阪との契約に署名しました」とスペイン語、英語、日本語で伝えたフォルラン。今月の中旬にオファーの話が出た当時から、ファンの間では大きな盛り上がりを見せていた。彼の輝かしい実績もさることながら、ウルグアイという強豪国の現役代表であり、5カ月後に迫っているブラジルW杯での活躍が期待される選手であることが大きな理由だろう。

Jリーグのクラブは草創期から強豪国のビッグネームを"助っ人"として獲得してきた。その多くは"元代表"の肩書を持つ選手だったが、1998年にはドゥンガ(磐田)とサンパイオ(横浜F)がブラジル代表、ストイコビッチ(名古屋)とペトロビッチ(浦和)が旧ユーゴスラビア代表、そしてエムボマ(G大阪)がカメルーン代表としてフランスW杯のピッチに立った。

しかし、その後は欧州で選手の移籍金や契約金が急騰し、Jリーグも"身の丈経営"に切り替えたことで、元代表のベテラン選手や優良ブラジル人は来日しても、現役の代表クラスはほぼ韓国や豪州の選手に限られるようになった。そして最近は日本人選手を"売る側"になっていたJリーグにとって、南アフリカW杯のMVPであり、ブラジルW杯の予選でも15試合に出場したフォルランは待望久しい正真正銘のワールドクラスと言える。

ご存じの方も多いだろうが、フォルランの経歴を簡単に紹介しておきたい。元ウルグアイ代表のパブロ・フォルランを父に持つサラブレッドで学業も優秀だったというが、姉が交通事故で下半身不随となったこともあり、15歳でプロのキャリアをスタートした。初の欧州挑戦となったマンチェスター・ユナイテッドでは出場機会に恵まれなかったが、2004年から移籍したスペインのビジャレアルで才能が開花。04-05シーズンに25得点で得点王に輝くと、08-09シーズンにはアトレティコ・マドリーで元ブラジル代表のロナウド以来となるリーグ戦30ゴール以上(32得点)を記録した。

そして迎えた10年の南アフリカW杯ではウルグアイ代表として5得点を挙げてMOMに3度選出、前線からの守備でもチームのベスト4進出に貢献。オランダのスナイデル、スペインのビジャらを抑えゴールデンボール(大会MVP)を受賞した。さらに翌年にはコパ・アメリカ優勝の立役者となった母国の英雄はその後、ウルグアイ代表の最多出場と最多得点も更新し、現在に至っている。

昨年8月のキリンチャレンジカップは日本代表を相手に鋭い突破と狡猾なフィニッシュで2得点を挙げ、健在ぶりを示した。昨年のインテルナシオナウでは開幕から出場5試合で5得点を記録したが、"給料遅配問題"が発生するなど不遇の時を過ごし、15年6月までの契約を破棄することでクラブと合意。フリートランスファーの身分となったフォルランの移籍先として、同じブラジルのボタフォゴ、または米国、メキシコのクラブも浮上していた。

フォルランにとって大事なのは最高の状態でブラジルW杯を迎えることだが、ウルグアイのタバレス監督をして「プロ意識の高い模範的な選手」と言わしめるゴールハンターが、Jリーグの新シーズンを盛り上げることは間違いない。

(河治 良幸)

2014年1月24日・25日発売のエルゴラッソ1403号表紙。移籍合意と報じられたフォルラン。フィーバーの始まりだった

ELGOLAZO

EG the Football Journal

本紙販売期間 5/18(日)まで

5/17(土) 18(日) 日号 毎週 火・木・土 発売

エル ゴラッソ 関西・中国・四国版

定価150円(税込)

発売・発行 (株)スクワッド 平成17年1月20日第三種郵便物承認 2014年5月16日発行 1449号 SQUAD,INC. 2014 TEL 0120-67-4946

http://www.golazo.jp/

神奈川ダービー 等々力が燃え上がる

J1第14節プレビュー 10-11

J1第14節 対戦カード

5/17(土)	13:00	甲府	vs	柏	中銀スタ
	14:00	浦和	vs	C大阪	埼玉
	14:00	清水	vs	神戸	アイスタ
	15:00	新潟	vs	名古屋	デンカS
	15:00	鳥栖	vs	大宮	ベアスタ
	16:00	FC東京	vs	G大阪	味スタ
	19:00	鹿島	vs	徳島	カシマ
5/18(日)	13:00	仙台	vs	広島	ユアスタ
	15:00	川崎F	vs	横浜FM	等々力

Photo: ©J.LEAGUE PHOTOS

序盤戦 総決算

J1 中断前 ラストマッチ

2014.5.17 J.LEAGUE DIVISION 1
MATCH DAY 14
URAWA
C.OSAKA

Photo: アフロスポーツ　Photo: ©J.LEAGUE PHOTOS

GWの5連戦という大きな山場を越えて、J1はいよいよ中断前のラストマッチを迎える。W杯メンバーの発表直後ということもあり、いつも以上に注目を集めるはず。観客動員という点でJと代表との間に良いサイクルを生み出すためにも、W杯メンバーには一層の奮起を期待したい。

序盤戦の総決算となる一戦の前に5連戦をおさらいすると、最も勝ち点を稼いだのは鳥栖と柏で4勝1敗の勝ち点12。連戦でもハードワークを貫徹して首位に躍り出た鳥栖が賞賛されるべきなのはもちろんのこと、負傷離脱などで厳しいチーム事情となる中、ボランチという要職にプロ2年目の小林祐介を抜擢するなどして勝利を積み重ねた柏のチーム力にはあらためて驚かされた。これが3年連続でタイトルを奪っているチームの底力か。

その柏が昨季はベスト4まで進んだACLは、今季はベスト16で日本勢全滅という結果に終わった。敗れた相手は中国、豪州、韓国と三者三様で、敗因もそれぞれのチームで異なる。ただ、3チームとも良さを出し切れなかったのは残念だった。C大阪は布陣変更が裏目に出て大差で敗れてしまった第1戦がすべてだったが、突破の可能性を現実的に残して14日の第2戦に臨んだ広島と川崎Fも、アウェイで自分たちの良さを出し切れず。広島はリードを意識し過ぎて守りに入ったのか、荒れたピッチが影響したのか、ポゼッションで試合をコントロールするという特長を生かせなかった。また、悪い時の川崎Fは引いて守る相手に対して攻撃のリズムに変化を付けられない。この敗北から、それぞれのチームが何を教訓として学ぶのか。週末は失意の直後の一戦となるが、来季ACL再挑戦を誓うなら落とせない。（編集長・寺嶋朋也）

順位表　第13節終了時点

27pt.

順位	チーム	試合	勝点	勝	分	負	得	失	得失
1 →	サガン鳥栖	13	27	9	0	4	22	11	11
2 →	浦和レッズ	13	26	8	2	3	18	9	9
3 ↑	ヴィッセル神戸	13	23	6	5	2	25	16	9
4 ↑	柏レイソル	13	23	6	5	2	16	11	5
5 ↓	サンフレッチェ広島	12	23	[illegible]	4	[illegible]	16	12	4
6 ↑	川崎フロンターレ	12	21	6	3	3	24	12	12
7 ↓	鹿島アントラーズ	13	21	7	0	6	24	16	8
8 ↓	アルビレックス新潟	13	21	5	6	2	13	11	2
9 ↑	清水エスパルス	13	17	5	2	6	17	17	0
10 ↓	セレッソ大阪	12	16	4	4	4	16	13	3
11 ↑	ガンバ大阪	13	15	4	3	6	14	16	-2
12 ↑	FC東京	13	15	4	3	6	11	14	-3
13 ↓	名古屋グランパス	13	15	5	0	8	17	23	-6
14 ↑	ベガルタ仙台	13	15	4	3	6	10	20	-10
15 ↓	横浜F・マリノス	12	14	4	2	6	10	10	0
16 ↓	ヴァンフォーレ甲府	13	13	3	4	6	8	14	-6
17 ↓	大宮アルディージャ	13	12	3	3	7	16	23	-7
18 →	徳島ヴォルティス	13	4	1	1	11	3	32	-29

得点ランキング

順位	名前(チーム)	得点
1	ペドロ ジュニオール(神戸)	9
2	大久保 嘉人(川崎F)	8
3	マルキーニョス(神戸)	7
3	豊田 陽平(鳥栖)	7
5	小林 悠(川崎F)	6
5	ノヴァコヴィッチ(清水)	6
5	フォルラン(C大阪)	6
8	ダヴィ(鹿島)	5
8	遠藤 康(鹿島)	5
8	田中 順也(柏)、塩谷 司(広島)	5

アシストランキング

順位	名前(チーム)	アシスト
1	中村 憲剛(川崎F)	6
2	柏木 陽介(浦和)	5
2	ペドロ ジュニオール(神戸)	5
2	森岡 亮太(神戸)	5
2	安田 理大(鳥栖)	5
6	ダヴィ(鹿島)	4
7	柴崎 岳(鹿島)	3
7	小笠原 満男(鹿島)	3
7	原口 元気(浦和)	3
7	家長 昭博(大宮)ほか10人	3

2014年5月16日・17日発売のエルゴラッソ1449号表紙。ブラジルW杯による中断期間前最後の試合となった浦和戦は注目を集めた

ELGOLAZO

the Football Journal

本紙販売期間 10/1(水)まで

9/30(火)10/1(水)日号 毎週 火・木・土 発売

エル ゴラッソ 関西・中国・四国版

定価160円(税込)

http://www.golazo.jp/

J.LEAGUE DIVISION 1 M26

よっち&エドゥーで4ゴール
FC東京、柏を完全粉砕

J1第26節マッチレポート 4-5

J1第26節 対戦結果				
9月27日(土)	横浜FM	0-0	甲府	ニッパ球
	広島	1-1	神戸	Eスタ
	FC東京	4-0	柏	味スタ
	大宮	2-1	清水	NACK
	G大阪	4-1	鳥栖	万博
	徳島	0-5	鹿島	鳴門大塚
	川崎F	1-1	仙台	等々力
	C大阪	1-0	浦和	ヤンマー
	名古屋	0-1	新潟	瑞穂陸

カカウ、
魂の一撃

C大阪、首位・浦和を破って降格圏脱出!

68分、カカウがペナルティーエリア外から放った乾坤一擲のミドルシュートは、首位チームの守護神・西川周作の手をかすめてゴールマウスへと吸い込まれた。まさに「魂の一撃」と呼ぶにふさわしいゴールであり、C大阪はその1点をチーム一丸で守り抜き、大きな1勝を挙げた。次節は残留争いのライバル、清水との直接対決。U-19代表に招集された南野拓実を欠き、長谷川アーリアジャスールと丸橋祐介が出場停止と苦しい状況だが、ここでつかんだ流れを手放すわけにはいかない。

2014.9.27
J.LEAGUE DIVISION 1
MATCH DAY 26
C.OSAKA 1
URAWA 0

J.LEAGUE DIVISION 1 STANDINGS

1	2	3	4	5	6	7	8	9	10	11	12	13	14	15	16	17	18
URAWA	KASHIMA	KAWASAKI F	G.OSAKA	TOSU	F.C.TOKYO	KOBE	HIROSHIMA	KASHIWA	YOKOHAMA FM	NIIGATA	NAGOYA	KOFU	C.OSAKA	SENDAI	OMIYA	SHIMIZU	TOKUSHIMA
53	49	48	46	44	42	40	38	38	37	34	33	28	26	26	25	25	12
23	21	17	22	7	18	5	2	-2	6	-8	-3	-8	-3	-16	-15	-19	-49

2014年9月30日・10月1日発売のエルゴラッソ1503号関西版表紙。シーズン途中に加入したカカウは力強いプレーでチームをけん引した

第二章　激動のシーズンオフ

涙とブーイングのホーム最終戦

2014年のホーム最終戦。23，330人の観客が集まった第33節・鹿島戦は、C大阪にとっては負ければ降格が決定する瀬戸際の一戦だったが、結果は完敗（1●4）に終わった。前がかりになって生まれたスペースを相手に突かれ、守備で走らされる。若返りを図りつつある鹿島だったが、〝相手が嫌がることをやる〟鹿島イズムは選手が入れ替わっても不変だった。J2降格――。非情な現実を突き付けられた試合後、ピッチに立った岡野雅夫社長の「このような結果になり、心よりお詫び申しあげます」という挨拶は、サポーターの大ブーイングにかき消された。

試合後のミックスゾーンにも沈痛な空気が流れた。

「今までの積み重ねがこういう結果になった。（シーズンを振り返って）実力不足だった。特に何も言い訳はない。今季はどれだけいい準備をみんながしても、試合になると何か変な空気が流れてしまった」

試合後にピッチで号泣した山下達也は、こう振り絞るのがやっとだった。

「育ててもらったクラブをJ2に落としてしまい、申し訳ない気持ちでいっぱい。少しずつ歯車が狂う中、苦しい状況で前を向かせるプレーが、自分を含めてできなかった」（扇原貴宏）、「悔しいし、サポーターに申し訳ない気持ちでいっぱい。僕たちの力が足りなかった」（丸橋祐介）と選手たちは口々に自らを責めた。

2014年8月に加入し、印象的なゴールを重ねてチームを引っ張ったカカウは、「クラブ、チームですべてを尽くして1試合1試合、勝ちにこだわって勝利を求めていく雰囲気を作らなければいけなかった。クラブ、チーム、そして選手のすべてが勝者の意識を持たなければ、サッカーにおいて何かを成し遂げることはできない。J1に復帰するためには、チームのメンタリティーを変えることが何より必要」と、組織としての一体感、気持ちの部分に言及した。


監督選びや選手補強に指導力を発揮し、強化部とともに2014年のチームを〝作った〟岡野社長は、鹿島戦の前、リーグ第32節・仙台戦の試合前日に辞任を表明していた。

迎えた仙台戦では、試合前に囲み取材も行われた。

冒頭で「サポーターに対する感謝」を述べた岡野社長は、「自分が社長になった3年前、25億円くらいの規模で引き継いだ。そこから3年間、成長戦略を行ってきた中で、すごい速さで規模を拡大することはできた。拡大戦略で一定の成果は出たと思っている。サポーター、スポンサーが増えた成果に対する充実感もある。ここから先、さらに内部の充実を図るため、違う体制でやるほうがいいと思ったのが（辞任の）理由」と語り、「（辞任は）成績不振が影響した?」との問いには、「シーズンが終わって最悪のケースに陥った場合、結果がすべてのようになってしまう。だからいま、発表した」と、順位の低迷による引責辞任は否定した。また、「クラブの成長で成果はあった中、心残りはあるか」と問われると、「それはもう、順位でもっと上に行きたかった。でも今年の前半のスタジアムでの賑わいを見ると、各クラブ、もっと切磋琢磨して（そういう状況を）目指さないといけない。やっぱりお客様に来てもらって楽しんでもらうのが大前提の仕事だと思う」と持論を述べた。図りたいとする「内部の充実」については、「海外戦略、アジア戦略はもっと充実させないといけない。欧州も含め、海外へのアプローチはやってきたつもりだけど、片手間でやる仕事ではない」と答えた。

ヤンマー本社ブランドマネジメント部長などを歴任後、2012年1月に大阪サッカークラブ株式会社代表取締役社長に就任した岡野社長。個人的な思い出で言えば、2013年のシーズン前、クラブとメディアの懇親会にて、「僕はいろいろな記事に目を通すけど、エルゴ君は良心的な記事を書いてくれる。頼むぞ」と声をかけられたことを思い出す。エルゴラッソを読むJクラブのトップがどれだけいるか定かではないが、岡野社長に関しては、スポーツ紙、一般紙も含め、各媒体の記事によく目を通される方であり、記事の内容について、記者にツッコミを入れる光景は日常的。〝サッカーそのもの〟が好きな方でもあった。

若き日は天王寺高校サッカー部でキャプテンも務めた。2013年1月。舞洲グラウンドの竣工式の後、スタッフ、メディア合同の親睦サッカーが行われた時は、岡野社長のクロスに森島寛晃（現・チーム統括部フットボールオペレーショングループ兼C大阪アンバサダー）が合わせてゴールを決める場面もあった。胸トラップからゴール隅に決めた森島の現役さながらのプレーも素晴らしかったが、岡野社長の絶妙なアシストもまた見事であり、エルゴラッソの採点（10点満点）で言えば「7」のプレーを見せた。

Jリーグ理事となった2013年。「Jリーグを盛り上げたい。スタジアムを満杯にしたい」との信念のもと、世界的ビッグネームの獲得に走り、その予算的な代償として、監督を含めた〝ブラジル路線〟の見直しを図った。2014年度は営業収益で過去最高を記録するも、リーグ戦の結果としては、「最悪のケース」となった。先に述べた仙台戦の試合前の囲み取材では、ひとしきり質問が飛んだ後、タイミングを見計らって、「サッカーの難しさを実感した部分はありますか？」と尋ねてみた。

「そうやなぁ。僕ら個人、個人もそう。体調が良かったり悪かったり。体調だけではなく、気持ちが入る時、入らない時、いろいろある。チームも生き物。選手一人ひとりも生き物。うまくいく時といかない時。こんなに難しいのか、ということは痛感した」

普段は歯切れ良く、威勢のいい言葉が目立った岡野社長だが、この時ばかりは、そうしみじみ語る姿が印象的だった。

リーグ最終節の第34節・大宮戦（0●2）翌日に行われたファン感謝イベントでは、

シーズン終盤に大熊裕司アカデミーダイレクター兼C大阪U－18監督をトップチームの監督に据える新体制を編成し、同じタイミングでトップチームの強化本部長に就任していた宮本功（一般社団法人セレッソ大阪スポーツクラブ代表理事）がサポーターの前で挨拶。

「降格したにもかかわらず、昨日、（アウェイの）大宮にたくさんのサポーターが応援に駆けつけてくれて、本当にうれしかったです。みなさんの期待に応えたかった。みなさんの思い、選手、スタッフの思いはまったく同じです。ライバルチームが活躍する中で、モチベーションはいまの時点で最大です。絶対に、巻き返したいと思います」と立て直しを誓うと、スタンドのサポーターからは激励の拍手が送られた。

クラブ経営とアカデミー、両方のトップが公の場で謝罪と理解を求めることになった2014シーズン。

「お客さんからしてみれば、こんなに悔しいシーズンはなかったと思う。本当に申し訳ない。何回、同じことをやっているんだということ。選手の頑張りを結果につなげるのがクラブの力。金輪際、このようなシーズンを送ってはいけない」

宮本の言葉は、セレッソに関わるものすべての総意だった。

フォルランの激白。W杯MVPと歩んだ1年半

「降格したシーズン後になぜ、笑顔でファンと触れ合う会があるのか理解できない」

タイ、インドネシアと中継を結んで行われた交流イベントで、フォルランとともに登壇し、アジアのセレッソファンと笑顔で会話を交わしていたカカウだが、内心は複雑だった。年に一度のファン感謝イベント。普段はあまり触れ合うことができない選手たちとの交流の場ということで、お祭り気分で皆が楽しく過ごすのが通常だ。

ところが、2014年はよもやのJ2降格。もちろん、あらかじめ日程が決まっていたのは事実だが、カカウの疑問はもっともだった。

「来季はシーズン後ではなく、開幕前にやろう」

2015年のファン感謝イベントはシーズン中の8月に行われ、カカウの提言は生かされた形となった。

もっとも、カカウは日本のサポーターの温かさもシーズン中から繰り返し述べており、このイベントでも、「ホームでもアウェイでも本当に多くのサポーターが駆けつけてくれた。さらには、試合の開始から最後まで、常に声を出して応援してくれる。これは本当に驚くべきことだった。さらにはアウェイでも、スタジアムに到着するバスの場所で必ず待っていて下さる夫妻がいた。これには感動を覚えた」と語っている。

２０１４年のファン感謝イベントでは、カカウの問題提起のほかに、フォルランの激白も胸を打った。

「本当のことを言っていいですか？　言ったことは書いてほしい」

来季の去就が気になる報道陣が質問を切り出す前に、そう断りを入れた上で始まったフォルランの囲み取材。実は、ファン感謝イベントの数日前、母国ウルグアイのＴＶ局の取材に対し、「日本人は特殊で冷たい。２カ月間、自分は誰とも話さなかった。壁に頭を打ちつけたくなることもあった」と語ったとされた一部報道が流れていた。

この報道に敏感に反応したフォルランは、血相を変えて否定した。

「シーズン始めにはミッチ（・ニコルス）やゴイコ（・カチャル）がいたので、通訳を挟まずに話すことができるチームメートがいた。その後、カカウが来るまでは、直接コミュニケーションを取れる選手がいない状況は続いたが、カカウが来てからは、それもなくなった。さらに、ほかの選手たちとコミュニケーションが取れていなかったかと言えば、そうではない。言葉の壁はあったかも知れないが、決してコミュニケーションが取れていなかったわけではない。周りの選手たちもすごく気を遣ってくれていたし、それに対して、ああいう形で報道されてしまったことは残念でならない。真意ではない」と自身の、そしてクラブの名誉のために、彼は率先して自身の気持ちを伝えたのだった。

フォルランのプロフィールと獲得の経緯を、あらためておさらいしておきたい。

小野伸二や稲本潤一、播戸竜二ら日本の〝黄金世代〟と同じ1979年生まれ。祖父は元ウルグアイ代表監督で、父もウルグアイ代表としてW杯出場歴のある名選手。サッカーエリートの家系で育った。そして、広く知られている話だが、交通事故で足の自由を失ってしまった姉の治療費を助けるために、12歳の時にプロサッカー選手になることを決意したとされる。15歳でウルグアイの名門ペニャロールの下部組織に入ると、その後アルゼンチンのインデペンディエンテとプロ契約を結んで活躍。2002年にはアレックス・ファーガソン監督率いるマンチェスター・ユナイテッドへ移籍した。欧州で超一流の仲間入りを果たしたのは、2004年に加入したスペインのビジャレアル時代だ。2004―05シーズンに38試合25得点でリーグ得点王となり、ゴールデンシュー（欧州リーグ最多得点者）を獲得。2007年にはアトレティコ・マドリーに移籍し、ここでも得点を量産する。2008―09シーズンには33試合32得点という成績で自身2度目のリーグ得点王と2度目のゴールデンシューに輝いた。

ウルグアイ代表としても2002年の日韓W杯に出場し、1得点。2010年の南アフリカW杯では、3位決定戦までの全7試合に先発し、6試合にフル出場。5得点で大会得点王とMVPに輝いた。2013年のコンフェデレーションズカップではウルグアイ史上初の代表100キャップも記録。現役にしてウルグアイのレジェンドである。

そして、2013年8月。宮城スタジアムで行われた日本代表対ウルグアイ代表の一戦で、「ビジャレアル時代から好きだった」というフォルランの活躍を目の当たりにした岡野社長が獲得を決意。その後、極秘裏に木村精孝がフォルラン側の代理人と接触し、粘り強い獲得交渉の末、名古屋のリネカー、磐田のスキラッチ、柏のストイチコフに続く4人目のW杯得点王のJリーグ入りが決定した。

W杯MVPとの対峙。それは、われわれメディアにとっても、緊張感の走る現場であった。どこまで彼の本音を引き出せていたのか。彼の気持ちを理解できていたのか。いわゆる〝手ごたえのあった〟取材の回数は少なかった。

2014年かぎりでC大阪を離れる可能性もあったフォルランだが、契約時に結ばれていた半年間の延長オプションを行使。最終的にはクラブと合意の上、契約満了を約1カ月前倒ししての退団となったが、2015年も上半期はC大阪でプレーした。

プレーヤーとして、ボールを止める、蹴るという技術、動き出しの質は紛れもなく一級品だった。フォルランの通訳を務めた白沢敬典（現・アビスパ福岡通訳）によると、「練習に臨む前の準備もプロフェッショナルそのもの」だったという。フォルランは、「すべての準備を練習前にしておきたい」という考えでの持ち主で、取材も練習前に済ましてしまう。午前9時開始の練習であっても、取材は8時からスタートという具合だった。

2014シーズンの後半は、戦術的理由と自身のコンディション不良から出場機会が激減。練習中、思うようにボールが来ない時は両手を広げて不満を露わにする場面もあった。

「自分は必要とされていない。ここにいても意味がない」

そうつぶやきながら、クラブハウスに引き上げていったこともある。

それでも、J2でプレーした2015年の3カ月間、彼は輝いた。「シュートに対する意識や技術はワールドクラス」と選手たちが口をそろえたように、フィニッシュに至るアイディアとクオリティーはズバ抜けていた。

フォルラン自身が「思い出に残るゴール」と振り返ったのは、2014年にACLグループステージ第6節の山東魯能戦（2○1）で決めた得点、リーグ第7節の大阪ダービー（2△2）での直接FKだったが、後半だけで8得点が乱れ飛んだ2015年のJ2第5節・千葉戦（4△4）で決めた得点もまた、素晴らしかった。長谷川アーリアジャスールの後ろからのパスを受けて振り向きざまで決めた得点について試合後、「ゴールがどこにあるかは常に頭に入っている。ゴールに背中を向けていても、ゴールがどこにあるかは頭の中にはっきりと描かれている」との名言も飛び出した。

フィニッシュの質と同じく際立っていたのは、勝負に対する執着心。勝利後はシャンプーと香水の香りを漂わせて上機嫌で取材に応じた一方、敗戦後は報道陣を寄せ付けない不機嫌なオーラを隠すことはなかった。

2015年6月21日、第19節・徳島戦（1○0）後に、フォルランの退団セレモニーは行われた。

「コンバンワ！」

日本語で挨拶したフォルランは、「皆さまに、この場をお借りして、感謝の気持ちをお伝えしたい。セレッソサポーターの皆さまだけではなく、日本全国の皆さまから本当に暖かい声援を送っていただき、支えていただきました」と感謝の気持ちを述べた。続けて、「私はとても悲しい思いをしています。こんなに大好きになったこのチームを去るということは非常に残念ですが、心の底から仲間たちのJ1昇格を祈りたいと思います」とチームの昇格を願うとした。「そしていつの日かまた、日本に帰って来て、皆さんとお会いできる日を心から楽しみにしています。今まで本当にありがとうございました」と再会と感謝の言葉で締めくくった。

その後、キャプテンの山口蛍がチームを代表して花束を贈呈。試合後、フォルランとプレーした日々を山口に問いかけると、堰を切ったように語り始めた。

「（今日の試合に）勝ってディエゴを送り出せたのは良かった。負けていたら、ああいう雰囲気にならなかったと思う。技術的なモノはすごかったし、シュートへの意識や技術はワールドクラスだった。その中で、今年はうまく生かせていたけど、去年については、うまく生かし切れなかったところもある。ディエゴの期待にこっちが応え切れなかった部分もある。ディエゴ自身、フラストレーションを溜めていたかも知れない。その中でも、プロとして常に模範となる姿勢を見せてくれた。僕個人としては、ディエゴはいつも裏を狙っているから、そこへパスを出せるようになってきた。今年に関しては、合わせることができる場面が増えた。そこは、ディエゴに自分の新たな部分を引き出してもらったと思う。練習から、『シュート、シュート』と言っていたし、そういう意識は大事だと思う。それが今日のゴールにつながったところもある。ディエゴから受けたいい影響を、これからのセレッソの中に築いていければいい」

そこにあったのは感謝の念。フォルランも山口について、「（セレッソで）最も刺激を受けた選手。これからも期待している」と語り、試合後はお互いに日本代表とウルグアイ代表のユニフォームを交換した。山口によると、「ディエゴが（先に）持ってきてくれた」のだという。

Ｊ２に降格した２０１４シーズン後、山口は「世界で戦ってきた選手なので、今までの外国籍選手にはない経験を持っていた。ディエゴからしたら、僕らのレベルが低いところもあったのだと思う。なるべく僕らも生かせるようにやっていたけど、僕個人としては、うまく生かし切ることができなかった。ディエゴも、もう少しうまくやれたのでは、とも思う。お互いに要求するところもあった中で、うまくかみ合っていればチームとして結果も残せたと思うし、ディエゴ自身、もっと得点を取ってもおかしくなかった」と心残りを話していたが、この半年間で心は通い合った。

サポーターの心の中にも、「本当にフォルランは日本でプレーして良かったと思ってくれただろうか」といった、しこりのようなものがあった。退団セレモニーの挨拶後、ピッチを周回し、フォルランがゴール裏へたどり着いた時、サポーターから大声量のチャントが送られた。両手いっぱいに花束とプレゼントを抱えたフォルランは、演出としてＰＫでゴールを決め、サポーターに別れを告げた。そんなサポーターの気持ちをフォルランは理解していた。セレモニー後の囲み取材で真っ先に言及したのがサポーターについてだった。「彼らの声援は素晴らしかった。このようなセレモニーで送り出していただき、うれしく思う。素晴らしい瞬間だった。（ゴール裏では）『いつも温かく応援していただいてありがとう』と伝えた。（1年半過ごした日本は）素晴らしい国だった。サッカーにおいては難しい状況もあったが、出会った人はみな素晴らしかった。日本に来て良かったと心から思う。（挨拶で「また日本に帰って来たい」と話していたが？）監督として帰って来ることができたらうれしいね（笑）」

この日、ゴール裏にはスペイン語でフォルランへのメッセージが掲げられた。

「ディエゴ、日本に来てくれて、セレッソでプレーしてくれて、本当に感謝しています。僕たちの大きな財産です。一緒にJ1昇格をつかみ取りたかった。距離は離れても、これからも応援しています。いつかまた、ディエゴが日本、そしてセレッソに帰ってくることを願っています。僕たちはいつでもあなたを歓迎します。ディエゴ、おおきに！」

翌朝、日本を離れるフォルランを見送りに、関西国際空港には多くのサポーターが集まった。見送りには、山口と長谷川も訪れた。フォルランが搭乗口に向かう直前、3人は抱擁を交わし、「サッカーをしていれば必ずまたどこかで出会える」と言葉をかけ合った。フォルランとC大阪が今後、どのような関係性を築いていくかは分からないが、「日本で過ごした日々は宝物」。出発直前、柔らかな笑顔とともにそう語ってくれたことは救いであり、喜びであった。

フォルランが日本に、C大阪に残したものは何だったのか。

費用対効果で言えば、投資した分の回収はできなかったのかも知れない。2014年度は単年度赤字も計上した。ただし、フォルランがC大阪でプレーした価値の意味や財産は、1年や2年で分かるものではない。いずれにしても、サッカー界の頂点に立った選手と過ごした甘くも酸っぱい日々を、私たちは決して忘れない。

主力選手、それぞれの決断

Ｊ２降格が決まった２０１４年のリーグ第33節・鹿島戦（１●４）の翌日以降、「Ｊ２に落とした責任は自分にもある。このままチームを出ていくことは自分が許せない」と語ったキム・ジンヒョンや、契約更新第1号となった藤本康太など、いち早く残留を決心した選手もいた一方で、他クラブからのオファーに頭を悩ませている選手もいた。「選手にとって、とんでもなくプレッシャーがかかった1年だった。クラブとして、一人ひとりとしっかり話をする」（宮本強化本部長）。連日にわたり、クラブと選手の面談が行われた２０１４年から２０１５年にかけてのオフ。年末年始を除き、記者もクラブハウスに通い詰めた。ストーブリーグという名の延長戦だった。

Ｃ大阪の下部組織からトップチームに昇格し、プロ２年目にレヴィー・クルピ監督に左サイドバックに抜擢されて以降、不動の地位を築いていた丸橋には、左サイドバックが手薄な鹿島からオファーが届き、一時は移籍濃厚とされた中、一転して残留を決断した。

強化本部長として選手との交渉にあたっていた宮本は、丸橋と「3度話し合いの場を持った」と明かした。その中で悩み抜いた丸橋だが、最後に相談したのはクラブ最古参の酒本憲幸だった。酒本の自宅で丸橋は悩める胸中をさらけ出すと、リラックスした時間の中で、心は決まった。最後は「セレッソ残留」を決断した。

一方、川崎フロンターレからオファーを受けた杉本健勇は、「クラブが自分を必要としてくれている気持ちは伝わってきたし、セレッソに残って自分の力でJ1に上げたい、という気持ちもある。自分を育ててくれたクラブに恩もある。しっかりと考えて決めたい」と悩み抜いた末に移籍を決意。クラブもまた、彼の意思を尊重し、送り出すことになった。

杉本の移籍にあたっては、エルゴラッソにて次の原稿を書いた。

「トップ昇格した2010年の夏以降、歴代のどの指揮官も、その類まれなるポテンシャルと将来性に惚れ込み彼を起用した。レヴィー・クルピ監督は、『FWとして必要な要素はすべて持っている』と評価し、ブラジル人ストライカーとの競争の中で彼を刺激した。フォルランが加入した２０１４年は、ＦＷの枚数はそろっていた中、ランコ・ポポヴィッチ監督は2列目の配置となっても彼の起用にこだわった。大熊裕司監督は早々にＦＷの軸に据え、主力の自覚を促した。それぞれの指揮官がそれぞれのアプローチを試みた。しかしついぞ、生まれ育った桜でその能力は完全には花開かぬまま、Ｃ大阪との契約が切れた今オフ、川崎Ｆへ完全移籍となった。２０１４年のシーズン終盤は、別格感を醸し出し始めていた。相手ＤＦに当たり負けしない強靭なフィジカル、キープしたボールを味方につなぐ足元の正確性、起点を作って攻撃に流れを生み、アシストも重ねた。ただし、肝心な場面でシュートをふかし、得点は奪えず、チームをＪ1残留へ導くことはできなかった。シーズン終了後はクラブと何度も話し合いの場を持ち、去就に関して熟考を重ねた。その間について、『頭が割れそう』と表現していた。クラブを背負う人材として大いに期待された4年半。結果を残せぬままの移籍に、クラブ関係者に落胆の色は濃い。ただし、ぬくぬくとした我が家を出ることで、精神面も含め、今度こそ成長を遂げることができるか」

結果、川崎Ｆではスタメンを取り切れなかったが、日本代表候補には選ばれた。Ｃ大阪の歴代の指揮官と同じく、日本代表のヴァイッド・ハリルホジッチ監督もまた、杉本の才能に魅せられた。ゆえに、2016シーズン、1年でのC大阪復帰は驚きでもあった。

筆者は、川崎Fでの杉本の試合は、2015年のJ1第12節・ガンバ大阪対川崎F戦の1試合だけ取材している。この試合、杉本は途中出場だったが、0－1で迎えた81分に同点ゴールを決めた。試合後、TVとペン記者の取材が終わると、チームバスの出発時間が迫っていたため、ミックスゾーンでは挨拶程度の会話しか交わすことはできなかったが、「元気でやっていますよ。セレッソのことも常に気にかけています。試合も見ています」と話していた。

この時のミックスゾーンでは、川崎F番記者の取材陣の輪が溶けた大久保嘉人にも話を聞くことができた。こちらがエルゴラッソのC大阪担当記者であることを伝えて、「杉本選手について話を聞かせてほしい」と伝えると、「いいっすよ！」と快く応じてくれた彼の第一声は、「まだまだだね」という厳しいものだった。

「持っている才能はすごい。それは認める。でも動きはまだまだ。休む時間も長いしね。練習中からいろいろ言っているから、これからもっと良くなると思うよ」

２０１２年に東京Ｖに期限付き移籍した時も、半年という限られた時間の中で成長を遂げて戻って来た杉本。前線の選手層が厚い２０１６年のチームの中で、どこまで出場機会を伸ばせるか。先発に定着するくらいの勢いが欲しい。今季、期待したい選手の一人だ。

そして、オーストリア１部・ザルツブルクへの移籍を決めたのは南野拓実。２０１４年最終節の大宮戦（０●２）から４日後の12月10日、南野はタイ・バングラデシュ遠征を控えたU－21日本代表への合流を前に、欧州へ赴いた。ザルツブルクの施設見学を行うためだった。

その後、U－21日本代表へ合流。18日のバングラデシュA代表戦ではゴールも決め、リオデジャネイロ五輪を目指す手倉森ジャパンでの初得点とともにシーズンを締めくくった。帰国後、C大阪のクラブハウスを訪れた南野は、移籍についてクラブと話し合いの場を持った。この席で彼は、「海外でプレーしたい」という自らの意思をあらためて伝えた。もちろん、C大阪のJ２降格に責任を感じていなかったわけではない。話し合いの途中、自責の念に駆られて涙する姿もあったという。それだけの強い覚悟で移籍を志願した理由は、かねてから海外でのプレーを志していたことのほかに、成長への飽くなき欲があった。

２０１４年の南野は、自身が思い描いたシーズンを送ることはできなかった。リーグ戦では30試合に出場しながら２得点にとどまり、クラブはＪ２降格。「本気」で狙っていたブラジルＷ杯も23人の中に入ることはできず、惜しくもバックアップメンバーどまりとなった。エースとしてチームを引っ張ったＵ－19代表でも、10月のＡＦＣ・Ｕ－19選手権の準々決勝で北朝鮮に敗れ、２０１５年のＵ－20Ｗ杯出場権を逃した。クラブでも代表でも、「チームが苦しい時に点を取って状況を変えたい。チームを救うゴールを決めたい」と常々話していた彼にとって、己の無力さが募る結果となった。

「もっと力を高めたい」

向上心が彼を海外移籍へと突き動かした。

「Ｊリーグでもまだまだやるべきことはある」

周囲は思った。

誰もが納得するタイミングではないことは確かだった。クラブも、「Ｊ２で点を取る感覚を磨き直し、Ｊ１昇格に貢献する。その先に違う形での欧州移籍もある」と彼に説いたが、南野の思いは「海外挑戦」で固まっていた。2014年夏にはドルトムントと契約合意の手前まで行きながら、移籍が叶わなかった経緯もある。「世界へ」。沸々と湧き上がる欲は抑えようがなかった。

年が明けた2015年1月6日。C大阪は南野のザルツブルク完全移籍を発表した。同日、渡欧直前の関西国際空港にて囲み取材に応じた南野は、あらためて揺るぎなき決意とC大阪への思いを語った。

「このタイミングで行くべきか、最後まで悩んだけど、挑戦したい気持ちが強かった。欧州でプレーすることは小さいころからの目標だった。自分が尊敬する人たちにも相談をした中で、最後は自分で決めた。（欧州では）すべてのことを吸収したい。結果を出すことしか考えていない。そしていつか、自分を育ててくれたセレッソに恩返しがしたい」

ザルツブルクとの契約は2018年まで。移籍決定当時のザルツブルクの公式サイトでは、南野が2014年12月に現地で欧州リーグの試合を観戦した際に、「このチームで能力を高めていくことができると確信している」とコメントしたことも紹介されていた。クラブとして1年半前から獲得を狙っていたとし、ラングニック・スポーツディレクター

（当時）の「成長のポテンシャルを確信している。欧州での第一歩をザルツブルクで踏み出すと決めてくれてうれしい」との言葉も発表された。

南野自身、渡欧前の空港では、「（ザルツブルクには）1年間ほどずっと自分を見てもらい、評価してもらった。縦に速いクラブの戦い方は自分にも合っていると思う」と話していた。

合流後は練習試合で3試合連続得点などアピールを続けると、再開されたリーグ戦で早速、先発出場。その後もシーズン途中加入ながらレギュラーに定着すると、13試合出場3得点と結果を残し、ザルツブルクのリーグ連覇に貢献。優勝決定の瞬間もピッチで迎えた。海外移籍に対する強い覚悟を、早速、結果で示してみせたのだった。

南野拓実の闘い

アカデミー時代から手塩にかけて育てられ、トップ昇格後もクラブの大きな期待を背負って戦い続けた南野。「育成型」を掲げるC大阪にとって、まさにかけがえのないタレントである。そんな彼の桜での軌跡を、ここで少し触れておきたい。

「自分の中に昨季（2013年）最終節の浦和戦のいいイメージがあって、そのイメージを残したまま迎えた」という2014年の序盤、南野はキレのあるプレーを連発。この時は、23番目の選手としてブラジルW杯のメンバーに滑り込むことさえ想像させた。

3月にはU－19日本代表対U－21日本代表の練習試合が、アルベルト・ザッケローニ日本代表監督（当時）が視察に訪れる中で行われ、南野はU－19の選手として先発。1得点を奪うなど兄貴分相手に活躍し、U－21代表の手倉森誠監督に「五輪代表を飛び越えてA代表の力がある」と言わしめた。

実際、国内組のみで行われた4月のA代表合宿にも選出された。「勝負。どんどん自分を出していきたい」と負けん気の強さ溢れるメンタルで挑んだ同合宿で南野は、ゲーム形式での練習でトップ下に入ってゴールを決める場面もあった。開幕前から「目標」と公言してはばからなかった〝ブラジル行き〟も現実味を帯びた。ここまでは順調だった。

風向きが変わったのは、ACLグループステージ第5節・浦項戦（0●2）。この試合、南野は前半に1発レッドで退場処分となる。自身が出場停止となったACLグループステージ第6節の山東魯能戦（2〇1）でチームはグループステージ突破を決め、この試合以降、布陣が「3―4―2―1」となったこともあり、南野の出番は減少した。それでも、「サッカー選手としてはこういう状況もある。先発とは違う状況で、どういったプレーで貢献できるかを考えている」と冷静に受け止めた。

ただし、以降の試合では、個で仕掛けるプレーとチームプレーとのバランスがうまく取り切れず、開幕直後の輝きは影を潜めた。ザッケローニ監督が視察に訪れたACLラウンド16・広州恒大との第1戦は、1－5の大敗。後半から出場した南野は果敢な突破で見せ場は作るも、強烈なアピールには欠けた。この時点で、南野のブラジル行きの可能性は遠く霞んでしまった。

ザッケローニ監督の通訳を務めた矢野大輔氏の著書『通訳日記』によると、ザッケローニ監督は、「（ブラジルに）2、3人連れて行けなくて残念に思った。ハジ（細貝萌）、ケンゴ（中村憲剛）、もう一人は南野だった。A代表でW杯を戦う準備が南野にはできている。若手で南野を何とか連れて行きたいと思っていた」と語っていたという。それほど高く評価されていたのだ。だが、23人のメンバー発表があった2014年5月12日。ブラジル行きは叶わぬ夢となった。

発表の日、南野はACLラウンド16・広州恒大との第2戦を翌日に控えた中国・広州にいた。

「結果を残せていなかったので、メンバーに入れなくて当然だと思う」

選から漏れた事実を受け止めた。W杯後に最も印象に残った得点を尋ねると、「コートジボワール戦での本田選手のゴール」と迷いなく答えた。

「ゴールの瞬間、何かが起きると思った。自分もそんな選手になりたい」

4年後のロシアW杯へ向けた戦いは、この時すでに始まっていた。

遡ること4年前。南アフリカW杯後。2010―11シーズンにおける香川真司のドルトムントでの鮮烈な活躍は、C大阪というクラブ、そして選手に大きな影響を与えた。1年後に乾貴士が続き、2年後には清武弘嗣も海を渡った。そして2014年夏には、4歳からC大阪で育った柿谷曜一朗も続いた。南野も、トップ昇格が決まった2012年10月の会見ですでに、「ユースの海外遠征でドルトムントのスタジアムを見学した時、8万人の大観衆の中で自分もやってみたいと強く思った」と口にするなど、海外志向は強かった。

桜に受け継がれるアタッカーの系譜。先に名前を挙げた先輩たちと比べても、プロ1年目に南野が残した実績は突出していた。高卒ルーキーとしてはクラブ史上初の開幕先発の座をつかむと、2013年は29試合5得点という結果を残した。第14節・ジュビロ磐田戦で決めたリーグ初得点は、大久保嘉人が保持していた、クラブのJ1最年少得点記録（18歳10カ月）を更新する（18歳5カ月）1発だった。7月に行われたマンチェスター・ユナイテッドとの親善試合でも1得点1アシスト。主役である香川の存在感をも上回るプレーを見せ、当時の指揮官、レヴィー・クルピ監督も、「将来的に日本を代表するアタッカーになるということを多くの人々の前で示すことができた」と手放しで褒め称えた。

アタッキングサードでの仕掛けが南野の最大の武器だが、決して攻撃に偏った選手ではない。プレスもサボらず、攻守の切り替えも速い。この意識の高さは、プロ入り時にすでに身につけていた。

「世界で戦う上では当たり前」

3年間、育成で南野を鍛え上げたC大阪U－18大熊裕司監督の指導方針が反映されている。高校1年時、「守備をやると自分の良さが出ない」と訴えてきた南野に対し、大熊監督は、「トップチームに上がっても、片方だけの選手では難しい。献身的な守備の意識をどこかで持ちながらやってほしい」と説き続けた。U－18での3年間、南野は監督の言葉を噛み砕きながら守備意識を高めると同時に、長所も失うこともなく成長した。

また、高みを目指して妥協しない姿勢も彼の魅力。C大阪時代の香川にも通じる資質だ。アカデミー時代から、「目的意識をはっきりさせることも意識させていた」（大熊裕司監督）ため、中・長期の目標設定もしっかりしていた。

「過程を一歩一歩大事にしたい。目の前の目標を一つずつクリアしていきたい」

年代別代表では、2011年のU－17W杯で、中田英寿氏や宮本恒靖氏らが中心となって勝ち進んだ1993年以来、18年ぶりにベスト8に進んだ。大会から帰国後、「やるべきことをやれば、フランスにもアルゼンチンにも十分通用すると感じることができた」と当時16歳の南野は話していた。個人としては不本意に終わった大会だが、ベスト8で敗れたブラジル戦も含め、世界大会でしか得られない経験は何ものにも代え難い。ブラジル戦で得た課題として、「失点は崩された感覚はなかったけど、個の力で打開された。逆に日本は相手にブロックを作られた時、ゴール前まではパスをつなげるけど、パス回しがパターン化した。もっと個で打開する技術を身に付けたい。ゴール前を固められてもしかける意識を持ちたい」と話していた。

当然、U－20W杯も「絶対に出たい大会」だった。しかし、前述した通り、その夢は叶わなかった。2014年のAFC・U－19選手権を戦ったU－19日本代表において、南野の存在感は群を抜いていた。グループリーグ初戦の中国戦、第2戦目のベトナム戦では決定機逸も目立ったが、3戦目の韓国戦では2得点を挙げ、積年のライバルを蹴落としての1位通過に貢献。見事エースの責務を果たした。勝てばU－20W杯の切符を手にする準々決勝・北朝鮮戦でも、0－1で迎えた83分、南野はPKを決め、土壇場で同点に追い付く勝負強さを見せた。しかし――。延長戦でも決着がつかず、PK戦までもつれ込んだ試合は、5人全員が成功させた北朝鮮に対し、日本は5番手として登場した南野が失敗。試合中のPKと同じコースに蹴ったキックが防がれた瞬間、U－19日本代表の世界への扉は閉ざされた。

帰国後、大会を振り返って南野は、「ハードな日程の中での戦いは自分にとって経験になった。全員が一つになってつかんだ韓国戦の勝利を次につなげることができなかったことが悔しい。北朝鮮に勝てる力は僕たちにもあった。でも、勝てなかったのが実力。悔しいけど、受け止めないといけない」と悔しさを押し殺して話した。プロ入りした2013年に立ち上がったU－19日本代表に懸ける思いは強かった。

「U－20W杯には3大会連続で出場できていない。自分の代で突破して、その歴史を覆し、世界大会に挑むことはモチベーション」

招集されるたびに、彼はそう口にしていた。C大阪U－18時代、「漠然と思うだけではなく、書くことで明確になる」（大熊裕司監督）という狙いのもと、短期・中期・長期の目標を書き記した南野のノートにも、「U－20W杯出場」はしっかりと記されていた。胸にしまった悔しさは、今後、五輪代表、A代表と続いていく道の中で、糧にする。そう誓った。

次なる目標はリロデジャネイロ五輪だ。今度こそ、この世界大会を逃すことはできない。

「U－19代表のチームメートとして一緒に戦ってきたメンバーとは、また上のカテゴリーの代表で一緒にやりたい。これからは五輪、W杯という世界大会に出場することを目標に戦っていく」

この誓いを胸に、自身の成長を求めて決断したザルツブルク移籍。1年目に3得点を奪って優勝に貢献すると、2年目の2015―16シーズンも、監督が代わって迎えた開幕直後こそ途中出場が続いたが、リーグ戦初先発となった第4節でフル出場2得点の活躍。スタメンをがっちりつかむと、以降は公式戦3連発やリーグ戦2試合連続ゴールなど、順調に結果を重ねた。すると、その活躍はA代表のハリルホジッチ監督の目にもとまり、10月のロシアW杯アジア2次予選シリア戦、および敵地でのイラン戦（国際親善試合）が行われるシリーズでA代表に初招集。イラン戦で代表デビューも果たした。

そして、年が明け、迎えたリオデジャネイロ五輪の最終予選。「五輪の出場権は絶対に逃せない」。南野が、そしてチーム全体が強い気持ちで挑んだ大会。手倉森誠監督に率いられた日本の戦いぶりは、〝見事〟の一言に尽きた。もちろん、一つひとつのプレーを検証すれば、細かい課題は出てくる。準々決勝のU―23イラン代表戦は、バーに救われる場面もあった。ただし、何よりも結果が問われる大会。過去の実績などから、これまでの代表と比べて五輪出場が不安視される中、過密日程も何のその、誰が出ても戦力が落ちない勝負強い戦いぶりでリオへの切符と優勝をつかみ取った監督・選手・スタッフたちの奮闘は、強く心に残った。

その中で南野は、グループリーグの第1戦・北朝鮮戦は先発で62分に途中交代。第2戦のタイ戦は3－0とリードした状況で78分に途中出場。第3戦のサウジアラビア戦は先発フル出場で1アシスト。準々決勝・イラン戦は出場機会なし。出場権が懸かった準決勝・イラク戦は先発フル出場で、後半ロスタイム、原川力の劇的決勝弾につながる突破とクロスで勝利に貢献した。そして、韓国との決勝戦を前に、所属するザルツブルクの要請で一足早くチームを離れた。

期待されたゴールという結果こそ残せなかった今大会の南野だが、2トップの一角ではなく右サイドハーフで監督の求める役割をこなすべく懸命にプレーした。調子自体も尻上がりに良くなり、大会後半はボールを持てば危険な香りも漂わせた。

南野が手倉森ジャパンの一員となったのは、2014年12月に行われたタイ・バングラデシュ遠征から。同チームが立ち上げられた2014年1月のU－22アジア選手権から約1年後のことだった。発足当初から招集され続けている中島翔哉や植田直通らと同学年ではあるが、早生まれのためU－19代表に専念していた南野にとって、戦術理解やピッチ外での溶け込みも含め、多少の遅れはあっただろう。欧州でのプレー実績、A代表に招集された経歴などから、最終予選の前は南野を〝エース〟と呼ぶ向きもあったが、彼はまだこのチームでは確たる結果は残せていない。

ただし、彼自身が本大会に向けてやるべきことは何も変わらない。「リオ五輪は絶対に逃すことができない」。AFC・U－19選手権敗退後に立てた誓いを、まずはチーム全体で達成したことが重要だ。ここから始まるリオ五輪本大会までの半年間。その中で南野は、今大会で得たことすべてを糧に、ザルツブルクで再び力を磨き続ける。ただ前だけを見て、そして、その先にある自らの成長を信じて――。

ELGOLAZO
the Football Journal

本紙販売期間 9/28(日)まで
9/27(土)28(日)号 毎週 火・木・土 発売
エル ゴラッソ 関西・中国・四国版
定価160円(税込)
http://www.golazo.jp/

アジアに挑むU-19代表発表!
C大阪・南野、浦和・関根ら23名
AFC U-19選手権ミャンマー2014 11

J1第26節 対戦カード

9月27日(土)	14:00	横浜FM vs 甲府	ニッパ球
	15:30	広島 vs 神戸	Eスタ
	18:00	FC東京 vs 柏	味スタ
	18:00	大宮 vs 清水	NACK
	18:00	G大阪 vs 鳥栖	万博
	19:00	徳島 vs 鹿島	鳴門大塚
	19:00	川崎F vs 仙台	等々力
	19:00	C大阪 vs 浦和	ヤンマー
	19:30	名古屋 vs 新潟	瑞穂

桜の若獅子

首位・浦和との一戦。
C大阪、問われるその気骨

2014.9.27 J.LEAGUE DIVISION 1
MATCH DAY 26
C.OSAKA
URAWA

24日に発表されたAFC U-19 選手権ミャンマー2014を戦うU-19日本代表に、C大阪から南野拓実が選出された。世代的にも能力的にも、現在韓国で開催中のアジア大会を戦っているU-21日本代表に入るべきタレントでもあるが、3大会連続で逃しているU-20W杯の出場権獲得を至上命題に、ここまでU-19代表に専念してきた経緯がある。U-19代表では自身が最年長となることに対し、南野本人も、「1年先にプロでやっている経験などチームにプラスになることがあれば還元したい」と自覚を抱いている。

南野にとって、プロ2年目の今季は苦しい1年となっている。ここまでリーグでの得点数はわずかに『2』。チームも残り9試合の時点で降格圏と低迷し、「年齢は関係なく結果でチームを引っ張りたい」という誓いも果たせていない。それでも8月後半に入り、公式戦4試合連続得点など調子を上げつつあったが、リーグ戦の直近2試合では輝きを放つことなく、プレーに波もある。ただし、同世代が集うU-19日本代表において彼が替えの利かない存在であることは明白であり、鈴木政一U-19日本代表監督を始め、周囲の期待値は高い。「複雑な気持ちもある」と長期間C大阪を離れることへのためらいもにじませつつ、「U-20W杯出場権を勝ち取る」ことを決意した桜の若き才能の、大会での爆発に期待したい。

「事前キャンプから呼ばれる」(大熊監督)ため、今節の浦和戦が合流前最後の試合。「苦しい状況だけど首位相手に開き直って戦う」(南野)。第14節の同カードでは、南野と同じく今回のU-19代表に選出された浦和の関根貴大の得点でC大阪が0-1で敗れた。関根について南野は、「チームメートとしては頼もしいが相手にいたらイヤな選手。前回は決められているので負けられない」と話す。「ここで勝てば状況は変わる。僕自身、何かを置いていきたい」。桜の背番号13のプレーぶりに今節は注目したい。(小田 尚史)

J.LEAGUE DIVISION 1 STANDINGS

順位	1	2	3	4	5	6	7	8	9	10	11	12	13	14	15	16	17	18
勝点	53	47	46	44	43	39	39	38	37	36	33	31	27	25	25	23	22	12
得失点差	24	17	18	10	19	14	5	2	2	6	-2	-9	-8	-16	-17	-4	-17	-44

2014年9月26日・27日発売のエルゴラッソ1503号表紙。首位・浦和との一戦を前に、U-19代表メンバーに選出された南野

第三章　6年ぶりのJ2での苦闘

<2015公式戦戦績>

日付	カテゴリー	節	H/A	対戦相手	スコア	得点者
3月 8日	J2	1	A	東京V	1△1	フォルラン
3月15日	J2	2	H	大宮	3○1	玉田2、扇原
3月21日	J2	3	A	岡山	1△1	パブロ
3月29日	J2	4	H	横浜FC	2○0	長谷川、パブロ
4月 1日	J2	5	A	千葉	4△4	フォルラン2、カカウ、山下
4月 5日	J2	6	A	岐阜	2○0	フォルラン、カカウ
4月11日	J2	7	H	金沢	0●2	
4月19日	J2	8	H	群馬	1●2	フォルラン
4月26日	J2	9	A	讃岐	3○1	フォルラン、楠神2
4月29日	J2	10	H	京都	3○0	フォルラン3
5月 3日	J2	11	A	福岡	0●1	
5月 6日	J2	12	H	磐田	1●2	オウンゴール
5月 9日	J2	13	A	北九州	3○0	長谷川、山下、扇原
5月17日	J2	14	H	長崎	1●2	フォルラン
5月24日	J2	15	A	熊本	0△0	
6月 1日	J2	16	A	札幌	1△1	オウンゴール
6月 6日	J2	17	H	愛媛	1○0	楠神
6月14日	J2	18	A	水戸	1△1	玉田
6月21日	J2	19	H	徳島	1○0	長谷川
6月28日	J2	20	A	栃木	3○0	パブロ2、玉田
7月 4日	J2	21	H	大分	0△0	
7月 8日	J2	22	A	横浜FC	0△0	
7月12日	J2	23	H	札幌	3○1	田代、玉田2
7月18日	J2	24	A	京都	0●1	
7月22日	J2	25	H	岡山	2○1	田代、玉田
7月26日	J2	26	A	磐田	1○0	田代
8月 1日	J2	27	A	愛媛	1●2	関口
8月 8日	J2	28	H	千葉	1△1	マグノ・クルス
8月15日	J2	29	H	岐阜	1○0	玉田
8月23日	J2	30	A	大分	3○1	パブロ、田代、山口
8月29日	天皇杯	1回戦		FC大阪	1●2	永井
9月13日	J2	31	H	栃木	4○1	玉田2、パブロ、田代
9月20日	J2	32	A	大宮	2○1	エジミウソン、オウンゴール
9月23日	J2	33	H	水戸	2△2	田代、エジミウソン
9月27日	J2	34	A	徳島	1△1	パブロ
10月 4日	J2	35	H	福岡	0●1	
10月10日	J2	36	H	北九州	1○0	田中
10月18日	J2	37	A	群馬	0●2	
10月25日	J2	38	H	讃岐	0△0	
11月 1日	J2	39	H	熊本	1△1	パブロ
11月 8日	J2	40	A	金沢	0●3	
11月14日	J2	41	A	長崎	0●2	
11月23日	J2	42	H	東京V	2○0	茂庭2
11月29日	プレーオフ	準決勝	H	愛媛	0△0	
12月 6日	プレーオフ	決勝	A	福岡	1△1	玉田

新強化部長、再建への所信表明

不本意な形でＪ２降格を余儀なくされた２０１４年のシーズンオフ。

「降格したダメージはやはり大きかった。（先発クラスの選手だけではなく）あらゆる選手にあらゆるところから話（オファー）が来た」（宮本功強化本部長）

そんな苦しい状況の中、宮本強化本部長の粘り強い交渉と誠意ある対応が実り、セレッソ大阪はいわゆる〝草刈り場〟とはならず、懸念された選手の流失は最小限にとどめられた。その上で、立て直しを図るクラブは、２０１４年は機能していたとは言い難い強化部のトップに大熊清を招聘した。

選手、指導者としてＦＣ東京（東京ガス）一筋だった大熊清。２００２年にはＦＣ東京で強化部長代理を務め、同年８月、Ｕ－19日本代表監督に就任する。10月にカタールで開催されたＡＦＣユース選手権で準優勝すると、翌２００３年にＵＡＥで開催されたワールドユース選手権ではベスト8に進出した。

2年後の2005年、オランダで開催されたワールドユース選手権でもU－20日本代表の指揮を執り、家長昭博（大宮）らを擁してベスト16に進出。その後、FC東京強化部長代理に復帰するも、2006年7月にイビチャ・オシム監督の下で日本代表コーチに就任。オシム監督の後任である岡田武史監督の下でも引き続きコーチを務め、2010年南アフリカW杯後にその職を離れた。

2010年9月。FC東京で、城福浩監督の解任に伴い、J2降格圏に低迷していたチームの監督に就任。しかし短期間でのチームの立て直しは難しく、J2へ降格する。それでも、引き続き2011年もFC東京の監督を務めると、序盤こそ出遅れたがパスサッカーに舵を切った後は首位を走り、見事J2優勝、J1復帰を果たした。2011年は天皇杯でも優勝を果たして2冠を達成している。

2012年より就任したFC東京のテクニカルディレクターでは、下部組織を統括し、クラブのスタイルに方向性を持たせる仕事に尽力。2014年は大宮アルディージャの監督に就任するも、チームは降格圏に低迷し、8月30日のJ1第22節・浦和戦翌日に退任となった。

その履歴書には栄光と苦渋の両方が記されているが、豊富なキャリアと実績を持ち、情熱溢れる人間性は、J2に降格したクラブを立て直すにふさわしい人物と言えた。

2014年12月、C大阪の強化部長に就任した大熊清は、早速、仕事に取り掛かる。

「逆境をはね返す力が足りなかった」

新たな強化部長によるC大阪の2014シーズンの分析はこうだった。

「リバウンドメンタリティーを発揮できる選手。苦しい時に声が出せる選手。豊富な経験を持った選手」という選手選考の軸を持ちながら、杉本健勇や南野拓実らの移籍で抜けたポジションも補うべく補強を進め、玉田圭司や関口訓充、橋本英郎や茂庭照幸といった元日本代表勢を次々に獲得。育成型クラブという看板は継続しつつも、即効性ある戦力として、「やるべきことが90分ブレない選手。相手も頑張る中、それを凌駕するメンタリティーを持つ選手を集めた」（大熊清強化部長）。

前述したように、さまざまなカテゴリーでの代表経験も豊富な大熊清強化部長は、新加入のほぼすべての選手と接点を持っており、その人脈の広さは大きな武器であった。「選手を獲得するにあたって、『J2でもセレッソなら』という言葉を多くもらった。先代の方を含め、これまでにセレッソの色を築いてくれた人たちの積み重ねだと思う」

そう謙虚に語る姿も印象的だった。

34人と抱える選手数の多さについては、「けがの履歴も見ながら、必要なポジションはリスクマネジメントが必要だった。それと、クラブの長期的構想として（セカンドチームの）J3参加を視野に入れている状況でもある。周りが何を言おうと、多いとは思わない」と断固たる信念を語っている。

強化部長就任にあたり、C大阪の特色や強み、足りないものや伸ばしていくべきことなどはどう見ているのか。

このクラブを貫く柱は、「育成型」、「攻撃的」、「勝者のメンタリティーの醸成」の3本柱だ。そこへ、若手の力を伸ばす指導力に長けたレヴィー・クルピ監督のもと、近年のC大阪はJリーグでも屈指の特長が際立ったクラブへと成長を遂げた。さらには国内のみならず、香川真司、乾貴士、清武弘嗣らの欧州での活躍により、世界でも〃セレッソ大阪〃のクラブ名は発信され続けている。

「育成型」、「攻撃的サッカー」、「勝者のメンタリティー」。このキーワードを大熊清強化部長に確認すると、一つひとつの言葉に頷きながらも、そこに解釈も加えていった。

「セレッソの育成は強み。それは間違いない。いい指導者もいるし、施設や育成への考え方も含め、素晴らしい。それはクラブにとっての財産であり先行投資。先行投資がうまくいかなければ会社もうまくいかないからね」

そう評価する一方で、「育成も大切にしながら、ほかにやるべきこともある。育成で足りない即戦力の部分を大卒で取るとか、内、外、のバランスも大事。組織は同じヤツばかりでもダメ。まとまった時はいいかも知れないけど、どこか異物がいないと。これは山本（昌邦）さんの言葉だけど、『異物が入ることで化学反応が起きて、雨降って地固まる』という。将来的に育成出身の選手だけでやることは理想だけど、いまはまだ過程だから」と、外からの補強の重要性も訴えた。この考え方は、茂庭照幸や中後雅喜、新井場徹など外からも実力者を獲得して、チームを強化していた梶野智元強化部長の方針とも相通ずる。

「攻撃的サッカー」の解釈では、「攻撃的ということではそのとおりだけど、守備も攻撃だから。守備でも主導権を握ることが大切。極端に言うと、インターセプトからワンタッチでシュートまで持っていって決めればいい。インターセプトから縦パスを入れればいい。高い位置で取れば攻撃の起点になる。守備というより、いい奪い方をすること。攻守一体が俺の概念」と自身のサッカー観に言及した。

「勝者のメンタリティー」については、「球際の競り合いや1対1などがサッカーの本質」と常々訴えている大熊清強化部長にとって、指導理念としての太い幹だ。こちらが質問を投げかけるまでもなかった。

また、時に「ぬるい」といった指摘も受けるクラブや選手の気質については、「若い選手なんかは、いいところもあるけれど、試合に流されてしまうところもある。素質は持っていても、まだ確固たる自分ができていないと、試合の中で感じざるを得ない部分もある。チームとしても劣勢になると急に弱さが出る。それまで良かったのに、ガタッと崩れることがある」と指摘。実際に、2014年のC大阪はその言葉どおり、劣勢を耐え切れずに失点を重ねた試合が何度もあった。内容が悪いなりにセットプレーからの1点で勝つなど、常勝時代の鹿島アントラーズや2009年にJ2を優勝したベガルタ仙台のような勝負強さに欠ける側面もあった。

「セレッソに何かが足りないから、こういう状況（J2降格）になった。現在の戦いを大事にしながらも、継続的に強いチームにしていくことも必要。（2011年の）東京の時も同じことを言ったけれど、ただ上がるだけではいけない。『チーム力、クラブ力を上げよう』と。フロントも含めてセレッソに関わるすべての人たちがクラブの方向性を高める。自分の業務プラス何か行動したり、感じたり、助け合ったり。クラブ力を上げることが現場にもつながってくる。行動する人の集まりで、クラブは強くなる。アドバルーンのような一時的な強さではなく、継続的に強いチームを作りたい。言葉で掲げることは簡単だけど、行動と結果の世界だから。掲げた後の行動の積み重ねが大事。クラブとしてのビジョン、サッカーの考え方を口で言うことは簡単だけれど、現場とフロントでそれが本当に実行されているか。それを見ていくことが大事」

熱っぽく語られたこれらの言葉は、〝クラブ再建〟への所信表明のようでもあった。

名将アウトゥオリを招へい

指揮官には、2005年にサンパウロをクラブW杯で世界王者に導いた実績があり、2006年には鹿島でも指揮した経験を持つパウロ・アウトゥオリ監督を招聘した。

大熊清強化部長とともに選定にあたった宮本強化本部長は、「（ブラジル路線へ戻ることに）こだわったわけではないけれど、ウチの良かったところは戻しながら、育成型クラブということを理解してもらい、若手を指導できる方がポイントだった」と話す。

短期間のうちにブラジルで3度、直接交渉にあたった大熊清強化部長は帰国後、アウトゥオリ監督と対面した時の様子、立て直しについて話したポイントなどについて、こう話している。

「重厚感のある方で、人としての重みを感じた。セレッソが目指している、育てて勝つ姿勢にも共感してくれた。交渉は簡単ではなかったけれど、『ぜひ一緒に戦おう』と言ってもらった。セレッソが今まで積み上げてきたものが、監督の心を動かした部分も多分にある。ビジョンを共有できた。そのバックアップをしていきたい。監督としても要求したいことはあったと思うけど、クラブライセンス制度もできた。前回、日本にいたころとは取り巻く環境も変わっていることは説明した。家族のことも含め、簡単な決断ではなかったと思うが、最終的に引き受けてくれる返事をいただいた」

チーム作りの上で、監督選びは極めて重要であることは第一章で述べたとおりだ。アウトゥオリ監督に行き着くまでに何人かの候補と破談になったことは確かだだが、２０１４年の反省点を踏まえ、クラブは対話を重ねた中で、アウトゥオリ監督にチームの指揮を託すことを決めた。

就任に際して、アウトゥオリ監督がクラブから発信したメッセージも力強かった。

「ポルトガル語には、〝Ser〟と〝Estar〟という、意味の異なる二つの言葉があります。どちらも『～である』という意味ですが、〝Ser〟は『永続的・恒久的である』、〝Estar〟は『一時的である』という意味で使い分けます。名門セレッソ大阪は永遠で偉大なるクラブです（Ser）が、Ｊ２に行くのは一時的なものです（Estar）。だからこそＪ２での戦いを通して名門再建を図るためには、選手・スタッフがハードで、かつ質の高い練習を積み重ねていかなければなりません。サポーターの方々も一緒になって固い絆を作り上げなければなりません。クラブに携わるすべての皆さん、セレッソの一員として来シーズンの一時的な局面をともに歩んでいこうではありませんか。名門セレッソ大阪の一員となることができ、非常に光栄に、誇りに思います。ベストを尽くして、シーズンが終わった時にはわれわれがいるべきＪ１に復帰し、偉大なクラブである（Ser）ことを示しましょう。そのためにもサッカーで何より重要な存在であるサポーター、そして選手の皆さんの力を貸してほしいと思います。世界中を魅了するサッカーの真の主人公はサポーターと選手なのですから。セレッソ、前進せよ！」

Ｊ２降格で傷ついたクラブを勇気付けるには十分な力強さに溢れていた。

主力選手の大半が残り、新監督も実績ある指揮官に決定。２０１４年に傾いた体制を立て直す。その意気込みのもと、激動のシーズンオフをクラブは全力で〝戦った〟。捲土重来を期す２０１５シーズンの１年でのＪ１復帰へ向け、ベースは整った。

この時点では、そう思われた。

繰り返す波。自動昇格圏に届かず

２００９年以来、６年ぶりのＪ２での戦いとなった２０１５年。来日前からＣ大阪の試合映像を見て、練習スケジュールも細かく組むなど、１年でのＪ１復帰を任されたアウトゥオリ監督は意欲に満ちていた。就任会見では、「再び日本に帰って来ることができ、セレッソのような歴史ある偉大なクラブに監督就任できることは名誉であり、幸せな気持ちでいっぱい。サッカーの世界で主役は選手でありサポーター。本来いるべきステージに戻り、サポーターの方に誇りに思ってもらえるようなチーム、来年以降も基盤となるチームを作りたい」と挨拶。この席で、アウトゥオリ監督を選定した理由について問われた大熊清強化部長は、「（理由を）私が述べることがおこがましいほど、監督は豊富な経験を持っている。Jリーグでも鹿島を率いており、日本のことを知っていたことも大きい。さらには、日本人のパーソナリティーを分かっていること、セレッソを強くしたい気持ち、育成も含め、強いクラブにしてJ1に昇格するというビジョンも合致した。サッカーに関しても、いろいろな引き出しを持っている」と述べた。

これまでにも、鹿島からは羽田憲司や石神直哉、船山祐二に中後雅喜、新井場徹と何人もの選手がC大阪に加入していたが、今回は指揮官として〝鹿島イズム〟を知る人物が桜のジャージーに袖を通した。ルーキーイヤーの内田篤人を開幕から抜擢し、先発に定着させたこと。さらには、自身が退任した翌年からの鹿島のリーグ3連覇の礎を築いたという評判。期待は膨らんだ。

2月2日から和歌山で1次キャンプが行われた。アウトゥオリ監督は威厳に満ちた佇まいながらも、「昔ほどの怖さはない」と、この年からトップチームのコーチとなった羽田（現鹿島コーチ）が話すなど、アットホームな雰囲気も醸し出していた。

始動から遅れること約10日。2月1日に来日し、3日から1日遅れでキャンプ突入となったフォルランに対しても寛容な姿勢を見せた。フォルラン自身が「この3週間、ウルグアイで、キャンプのイメージでトレーニングしてきた」と重さを感じさせない動きを見せたことも理由にあるが、「キャリアを含め、彼をリスペクトしなければいけない。彼は一流のアスリートでもある。彼の力をいかにチームに還元させるか、常に考えながらやっていく」と、２０１４年の終盤は出番が激減していたフォルランを戦力としてチームに組み込む意向を示した。

最終的に1年でのＪ１昇格を果たせず途中退任となったアウトゥオリ監督だが、２０１５年の前半は、来日以降、フォルランが最も気持ち良くプレーしていたことは確かだ。

「私だけではなく、サッカー界の監督であれば、彼のような真のプロフェッショナルと仕事ができるということは、監督冥利に尽きると思う。彼は1日たりとも努力を怠ることなく、常に全力を尽くす姿勢を貫いてくれた。技術的にも最高レベルの選手であり、格の違いを生み出せる選手。さらに、プレーヤーとしてチームに貢献するだけではなく、素晴らしい人格を兼ね備えた選手だった。これからの彼の活躍を心から願う」

フォルランについて、退団セレモニーが行われた6月21日の徳島戦後の記者会見でそう語ったアウトゥオリ監督だったが、フォルランとの〝円満な別れ〟は、アウトゥオリ監督の手腕によるところも大きかった。

話を戻すと、和歌山キャンプ4日目の紅白戦では、フォルラン、カカウ、そしてこの年レアル・マドリード・カスティージャ（レアルB）から加入したパブロの3トップも初披露された。続いて宮崎で行われた2次キャンプでは、練習試合が5試合組まれた。攻撃では外国籍3トップを継続しながらも、ピッチに入った時に攻撃のリズムを生んだ玉田圭司や、試合終了まで攻守に運動量が落ちない関口訓充も大いに存在感を発揮。この二人はシーズンを通じてキーマンになっていくことを予感させた。

一方で、キャンプ最終日の仙台戦では、「マークの受け渡しで少しバタついた」と山口蛍が語ったとおり、相手の素早い展開に対し全体のスライドが遅れ、中盤で相手にスペースを使われる場面も見られた。「攻守に主導権を握ったサッカー」（アウトゥオリ監督）を標榜する中、守備で後手に回るシーンが見られたのだ。

試合後、そのあたりを確認すると、「心配していない。守備にも手ごたえはある。自信を持って、今までやってきたことを積み重ねていきたい」と指揮官は話した。

これはあくまで表向きの発言であり、開幕までには修正を加えてくるだろうと思われたが、2015年の前半は、90分の中で時間が進み、運動量が落ちて前からの守備も薄まるにつれ、「4―3―3」の中盤に生まれるスペースを突かれて失点を重ねる場面も目立った。開幕6試合は3勝3分と負けなしで進んだが、第7節・ツエーゲン金沢戦（0●2）でシーズン初黒星を喫すると、以降も2度の連敗を喫するなど不安定な戦いを続け、第16節終了時には9位にまで順位を落とした。

それでも、契約満了でフォルランとカカウが退団後、個での攻撃力は落ちたものの、組織として機能し始める。6月から9月にかけては10勝7分2敗の快進撃を見せた。第26節・磐田戦（1○0）では田代有三が決めた得点をチーム全体が粘り強く守り抜き、2位・磐田と勝ち点3差まで迫った。第32節の大宮戦（2○1）ではエジミウソンが2得点に絡む活躍で首位撃破に貢献。最終的にこのシーズンでJ1自動昇格を果たした2チーム相手に、いずれも敵地で勝利を収めたことになる。

ただし、そんな自力を示した一方で、磐田戦後の第27節・愛媛戦（1●2）、大宮戦後の第33節・水戸戦（2△2）など、勝てば一気に進んでいけそうな試合で勝ち点を落とすなど、波のある戦いを繰り返した。

そして、10月以降は急失速。第35節・福岡戦（0●1）の直接対決に敗れて4位に転落すると、自動昇格は遠ざかり、J1昇格プレーオフに回ることが濃厚となった。結局、2015シーズン、C大阪は一度も自動昇格圏に入ることができなかった。

リーグ最終節直前の決断

選手個々に知名度があり、クラブの予算規模もJ2では高いC大阪に対して、相手は目の色を変えて向かってくる。戦術的にも下位チームは守備を固めてカウンターを狙うなど、やるべきことを徹底してくる。焦れずに共通意識を持ち、辛抱強く崩していかないといけなかったが、2015年のC大阪はそんな相手を凌駕することができなかった。

例えば、この年J2を優勝した大宮は、家長を中心にしっかりとボールを握って相手の陣形を崩し切るサッカーを1年かけて築き上げ、2位で自動昇格した磐田は、序盤はジェイとアダイウトンの個の力を最大限に生かしたサッカーで勝ち点を稼いだ。

その一方、C大阪は玉田や橋本など、経験豊富な選手たちが、チームがうまくいっていないことを敏感に感じ取り、根本的な改善の必要性も訴えていた。

「何が原因で崩せないのか」

「なぜ同じような失点をするのか」

それでも、一つの敗戦を、チームとしてしっかり受け止めることができなかった。シーズン序盤と終盤に対戦し、それぞれ同じような展開でホーム、アウェイともに敗れた金沢戦と群馬戦がその象徴だろう。

9年ぶりに日本での指揮となったアウトゥオリ監督だったが、J2での戦いは未知であり、最後まで対応できなかったとも言える。

もちろん、J2が一筋縄ではいかない厳しいリーグであることは確かだ。シーズン途中、「東京で監督をやっていた2011年より（J2の）アベレージが高い。あの時も鳥栖などハードワークするチームはあったけど、いまのほうが個々のクオリティーが上がっている。全体的にいい選手が増えている。ハードワークする粘り強さは変わらない中で、全体のレベルが上がった。難しいリーグになっている」と大熊清強化部長も語っている。周囲の「昇格して当然」という見方、自分たち自身の「1年でJ1復帰」という目標の重圧を打ち破り、勝利を積み重ねていくことは簡単なことではない。ただし、それらを踏まえたとしても、やはりアウトゥオリ監督はチームをマネジメントし切れていなかったと言わざるを得ない。

劇的な勝利を収めた第32節の大宮戦後、第33節・水戸戦、第34節・徳島戦（1△1）と2試合続けて引き分けに終わったあたりから、指揮官の言動に不可解さが増してきた。夏の移籍市場でクラブが獲得したエジミウソンとマグノ・クルスについて、「獲ってくれとは言っていない」と周囲に漏らしていたアウトゥオリ監督だが、実際には、大熊清強化部長がリストアップした中で、獲得に際して監督にも相談を持ちかけている。また、大宮戦を前に玉田が肉離れで離脱。攻撃が下降線を辿っていた中で、「守備陣は頑張ってくれている。攻撃陣も、ボールホルダーを追い越すなど、しっかりと攻撃に厚みを持っていこう」と選手たちによる前向きなミーティングが行われたのだが、「余計なことをするな」と言わんばかりに、見せしめのように選手を紅白戦のメンバーから外す光景も見られた。

監督に直談判したわけでもなければ、戦術に反するミーティングでもなかったのだが、監督からしてみれば越権行為に映ったのかも知れない。

選手の士気を削ぐような行為に対し、フロントも話し合いの場を持ったが、そこでも会話はかみ合わなかった。「選手は頑張っている。うまくいっていないのはスタッフだ」と、監督が声を荒げることもあったという。この時期は、まだ2位との勝ち点差も絶望的には離れておらず、自動昇格をあきらめる立場でもなかったのだが、監督自ら崩れていった印象だ。

そして、〝事件〟が起こる。

第36節・北九州戦（1〇0）後のロッカールーム内でアウトゥオリ監督が〝辞める〟と言った、言っていないという騒動でクラブが揺れると、直後に一部報道で〝韓国Kリーグ浦項の監督のファン・ソンホン氏がC大阪の来季監督に浮上〟という記事が流れた。この報道にも敏感に反応したアウトゥオリ監督は、「韓国に住む友人から送られてきた」という記事の画像を幹部に見せて真偽を迫ったという。

実際には、こと昨年に関しては、C大阪はファン・ソンホンとは一切の接触をしていない。疑心暗鬼にかられたアウトゥオリ監督の暴走だった。

シーズン中、「現場のことは監督を信頼しているけれど、『何かあったら言ってくれ』とは監督も言ってくれている。腹を割って話さないといけないこともある。現場と強化が一体でやらないと勝てない。監督もそれを受け入れてくれる人柄」とアウトゥオリ監督への信頼感とコミュニケーションの大切さを語っていた大熊清強化部長だが、アウトゥオリ監督のメンタルが次第にブレはじめたことで、両者の蜜月関係も最後まで続かなかった。


優れた指揮官の条件はいくつかある。

チームに公正な競争原理を働かせる。選手の健全なモチベーションを保つ。試合中における的確な采配。この3つは必須だろう。そこに、確固たる戦術があればさらに強くなる。

就任会見で、「ゲームの主導権を常に握ることを目指し、選手のクオリティーをピッチの中で効果的に表現する」ことを理想のサッカーに掲げたアウトゥオリ監督だが、選手の輝きは限定的で、組織としての成熟も見せることができなかった。

シーズンの理想的なあり方は、試合が進むにつれて、チームの戦術、根幹が確立されていくことだ。そこへ若手の成長なども加われればベストである。もちろん、すべてがうまくいくことはない。それでも、停滞する時期があったとしても、立ち返る場所があれば、再び軌道に乗っていくことはできるはず。しかし、２０１５年のC大阪は、戦い方を確立することもなければ、若手の台頭も見られなかった。

シーズン終盤になり秋山大地や小暮大器が起用されたが、好パフォーマンスを発揮するには酷な状況でもあった。第40節・金沢戦（0●3）、第41節・長崎戦（0●2）はいずれも敵地で惨敗。Ｊ１昇格プレーオフ出場権はすでに得ていたものの、それを勝ち上がるのは厳しいというような雰囲気に追い込まれると、レギュラーシーズンも残り1試合というタイミングで玉田稔社長は監督交代を決断する。アウトゥオリ監督との話し合いの末、長崎戦から3日後の11月17日。クラブはアウトゥオリ監督の退任および、大熊清強化部長の新監督就任を発表した。

理由について玉田社長は、「決断したのは15日（長崎戦翌日）の夜。監督には今朝（17日）伝えた。理由としては、ここ数試合、監督なりにチャレンジしてくれていたけれど、結果が出ない。Ｊ１昇格のためにはいましかないという気持ちだった」と明かしている。

「1年は長いから、いろいろなことがあると思う。監督、選手、スタッフを含めて、それなりのスタンバイをしておかないといけない」

開幕前の新体制発表会見後、この年からC大阪の代表取締役社長に就任した玉田稔はそう語っていたが、シーズンの最後の最後にして、その状況が訪れたのだ。

最終順位が決定する最終節・東京V戦の前日。アウトゥオリ監督は帰国の途に就くため、関西国際空港にいた。最後に言葉を求めて取材に向かうも、「コメントは控えさせていただく。何か言い出すと、キリがないからね（笑）」と取材拒否の姿勢を貫いた。

実績があるぶん、プライドも高かったアウトゥオリ監督。期待も大きかっただけに、最後は残念な結末となった。

最終節にして新監督の〝初陣〟。前代未聞とも言える状況の中、C大阪は第42節、ホームでの東京V戦を迎えたのだった。

一枚岩で挑んだJ1昇格プレーオフ

東京V戦に向けた1週間で、練習場の雰囲気は明るさと活気を取り戻していた。

この変化について、シーズン後に玉田は、こう語っている。「監督が代わったということも正直あったと思うし、プレーオフに出ることも決まった中で、目的が明確になったということもある。どういうプレーをしていくか、自然と選手間での会話が増えた」。

開幕前に「リバウンドメンタリティーがこのチームには必要」と語っていた大熊清強化部長だが、自身が監督となり、まさにそれが試される状況となった。東京V戦は、C大阪にとってはリーグ最終節であってもシーズン最終戦ではない。リーグ戦終了後に控えるJ1昇格プレーオフへ向け、勢いを付けるためにも極めて重要な一戦だった。勝てばプレーオフ初戦をホームで戦える4位の座を確保することができる。そんな中で起こった今回の監督交代劇だが、その効果で期待されるのは、チームの士気向上に他ならなかった。チームとして戦う精神を取り戻し、フレッシュなメンタルで挑む態勢を整える。そのための具体的な改善点として、大熊清監督は「球際と走力」、「攻守におけるセットプレー」、「攻撃の改善」の3つを掲げた。

一番に訴えたことは、「球際と走力」。失点が増えている守備の懸念もあり、「サッカーの原点となる本質」をあらためてピッチに落とし込んだ。セットプレーも含めた基本的な部分を整理するとともに、「攻撃の改善」として「中に入る枚数や位置など、クロスに対する決めごとをもう少し作る。あとは、流れの中で選手に選択肢を与えて、試合では選手自身の判断を発揮してほしい」と語った。

監督就任から試合までに与えられた時間は短かったが、やれることはすべてやろうとする意思が、監督からも、チームからも伝わってきた。

監督の特権事項であるはずのメンバー選考に関しても、大熊清監督はコーチなどスタッフからも意見を求めた。選手とのコミュニケーションも密に取った。「やれます」という玉田に対して、強制的に練習を休ませ、コンディションを整えさせたこともある。「代表から戻って疲労もある。アイツのことだから、練習に来たら試合（C大阪U－18との練習試合）も見てしまう」という理由で、山口蛍に強制的にオフを与えたこともあった。選手個々の状態に合わせた柔軟な姿勢、そして何より大熊清監督のポジティブな方向付けにより、チームは前向きの空気を取り戻し、選手たちも本来の自主性を取り戻しつつあった。

迎えた東京Ｖ戦では、ＣＫから茂庭照幸が2得点。それまでプロ生活16年間で通算1得点だった男の2ゴールに、スタジアムは沸いた。今季、Ｃ大阪に復帰した際、「セレッソにはたくさんの恩がある。『スタッフで（戻って来い）』と言われても、セレッソならと思っていた」と話すほど桜愛に溢れる茂庭だが、シーズン終盤は「俺がここで何か言って、何かあってもいけない」と口を閉ざしていた。そんな彼が、解き放たれたかのように、得点後は一目散にベンチに向かって走り、歓喜の輪を作った。

「ベンチに入れない選手、入っても出場機会がなかなかない選手がいて、僕もその一人だった。一つのゴールをみんなで喜ぶことは素晴らしいこと」

試合後、そう話し、滴る汗を気持ち良さそうに拭った。

Ｃ大阪にとってはひさびさの会心の勝利により、シーズン4位を確定。Ｊ1昇格プレーオフ初戦をホームで迎える権利を獲得した。

リーグ最終節を迎える週と同様、J1昇格プレーオフ初戦の愛媛戦に向けても、ポジティブな空気は継続されていた。試合へ向けてやるだけのことはやる、いい意味で割り切った練習が続けられた。攻撃では、クロスからのシュート、前線にクサビを当ててからのシュート、サイドからカットインしてのシュート、さまざまなバリエーションからフィニッシュの形を何度もトライした。守備では、ワイドが上がると前線が5枚になる愛媛の攻撃に対して、しっかりと最終ラインの4枚で守ることを強調。サイドでのマークの受け渡しも入念に確認していた。引き分けならリーグ戦の上位チームが勝ち上がれるというプレーオフのレギュレーション上、勝利が必要な相手が攻撃的に来ることも想定し、やみくもに前からボールを奪いに行くのではなく、バランスを取ることの重要性も伝えられた。

愛媛戦を4日後に控えた25日には、選手全員でクラブハウス内のロッカールームの大掃除も行われた。発案者は、シーズン途中にチームに加入したGK北野貴之だ。

「リーグ戦は終わった。新しい気、新しい風を入れる。当たり前のことを当たり前と思わないように、感謝の気持ちを持つことが大事。感謝の気持ちはプレーにも表れる」

大掃除の狙いを、北野はそう話した。若手もベテランも関係なく、鏡も椅子も徹底的に掃除した約2時間。「僕がコーチングしながら、レイアウトも変えた。一つのことをみんなでやったということが大事」（北野）。〝勝負の神は細部に宿る〟という格言もある。結果として、愛媛戦は0－0に終わり、リーグ戦の上位チームであるC大阪が決勝へと駒を進めることになったのだが、最後のワンプレー、セットプレーからの愛媛のシュートは際どいコースに飛んだ。年末の『セレッソ大阪TV』で、「あのシュートが枠にいかなかったのは掃除したおかげ」と酒本憲幸は語っていたが、あながち冗談ではないだろう。

続く福岡とのJ1昇格プレーオフ決勝へ向け、チームの一体感は今季最高潮に高まっていた。

一体感を醸成する雰囲気をサポーターも作った。決勝前日に、練習場一面に横断幕を張って選手を鼓舞。ビッグフラッグに選手、サポーターの寄せ書きも集めた。「やれることは全部やりたい」。プレーオフ決勝へ向け、何人ものサポーターがそう話していた。

この試合へ向けて、ひと際神経を研ぎ澄ませている男がいた。愛媛戦後のミックスゾーンで「福岡との試合、今季、俺は1分も出ていないからね」と不敵な笑みを浮かべていた玉田だ。

「（福岡は）外から見ていると手堅いチームだけど、ホームで戦った試合は、（C大阪が）主導権を握ったゲームができていた。その中で点が取れなくて負けたわけだけど、次は絶対に点を取らないといけない状況。最後は自分で決めたいと思う。より決め切る意識を持って戦いたい」

個人的に、もう一人、この試合に向けてどうしても気持ちを確認しておきたい選手がいた。キャプテンの山口だ。福岡戦を迎える時点で、ハノーファーから書面での正式オファーはクラブに届いていなかったが、今冬での移籍も噂される中、直感として、次の試合が〝最後の試合〟になるだろうと思った。どうしても、1対1で話を聞いておきたい。TV向けの取材が終わり、引き上げていく彼に小走りで駆け寄り、プレーオフ決勝へ向けた心境を聞いた。

「（福岡には）リーグ戦では負けているけど、やられた気はしていない。ホームで戦った試合はGKの1本のパスから失点してしまったけれど、試合自体は自分たちのペースでやれていた。相手のストロングな部分をチームとしてうまく守って、攻撃では作ったチャンスを決め切りたい。決勝だからと言って特別何かを意識するのではなく、いまはいい雰囲気でやれているので、チームとしても練習どおりにできればいい。ただ、引き分けではダメなことも確か。最初から点を取りに行く意識は持つけど、相手に先に入れられると苦しくなる。バランスも取りながら、焦らずに自分たちのペースでやっていれば、どこかで点を取るチャンスは来る。一発勝負なので、これまでの結果は関係ない。毎日ミーティングで福岡の分析もしている。この1年間、いろいろあったけれど、最後に勝って昇格できれば気持ち良く終われる。全員で昇格をつかみ取りたい」

山口は、たぎる思いを話してくれた。

筆者が「昨日のJ1のチャンピオンシップ決勝第1戦（激しい点の取り合いの末、広島が終盤に2点決めて、G大阪に逆転勝ちした試合）がそうだったように、最後まで何が起こるか分からない試合にもなりそうだが？」と尋ねると、「本当に少しの差で試合は転ぶ。どの場面でも気は抜けないし、一つひとつのプレーで集中力を切らさないようにしたい。試合が終わった後、全員が走れないくらい走り切ることがベスト。それで結果が出なければば仕方ない。全員でやるべきことをやり切る試合にしたい」と覚悟の強さを感じさせる言葉を残した。

もちろん、玉田と山口の二人だけではなく、試合へ向けては各選手が気持ちを高めていた。仙台時代の2008年に経験した磐田とのJ1・J2入れ替え戦を振り返って関口は熱い気持ちを表す。「あの時も第1戦が1－1で終わっていて、第2戦は0－0ではダメという状況の中で攻撃的にいった。シチュエーション的には今回と似ている。あの時に思ったのは、昇格するかしないかで人生が変わるということ。（結果として磐田に敗れて昇格できなかった）あの悔しさはいまでも忘れていない。あの悔しさはもう味わいたくないし、みんなにも味わってもらいたくない。ラスト1試合、体がボロボロになっても勝利という目標に向かって戦いたい。昇格という今季の目標を絶対に勝ち取る」。また、「今季はけがもして、チームに貢献できていない。その中で、今季一番大事な試合に間に合った。すごくドキドキするけれど、しっかり守り切って、最後まで失点ゼロで抑えたい。今年はいいことがあまりなかったけれど、最後に昇格して笑顔で終わりたい」と話したGKキム・ジンヒョンなど、選手一人ひとりにドラマがあった。

束ねる大熊清監督も、「『J1昇格お願いします』と涙ぐんでいるサポーターもいた。そういった人たちの想いを真摯に受け止めて、攻守に戦い、最後の1センチ、1ミリまで力を出し切る試合をしたい」とプレーオフ決勝に臨む決意をあらためて語った。

勝てばJ1復帰、引き分け以下でJ2残留となる〝夢と絶望の90分〟を前に、今季最高のメンタルが仕上がった。

「J1」。シンプルで、それでいてサポーターの思いが伝わる鮮やかなピングのコレオグラフィーに迎えられたセレッソイレブンは、研ぎ澄まされた集中力とプレーを見せる。この試合、勝利が絶対条件だったC大阪は、「リスク管理もしながら、相手のペナルティーエリアの中に入って行く」（大熊監督）という難しいミッションが課せられた中、選手たちはやるべきことを遂行。守備では福岡のストロングポイントであるFWウエリントンに対して山下達也が体を張って競り勝つと、中盤では山口が献身的にセカンドボールを拾った。ロングスローを含む福岡のセットプレーにも対応し、福岡に攻撃の糸口をつかませずに前半を終えた。

あとはいかにして点を奪うか。

この試合に向けて、大熊清監督は玉田に、「（これまでも）ボールを受けてチャンスを作ってくれているけれど、そこからもう一回中に入ってほしい」と要求していた。さらに、後半のピッチへ向かう彼と関口を捕まえて、何やら指示を与えていた。

そして、得点場面は、まさにその二人から生まれた。60分、山口の縦パスを相手ボランチの前で受けた玉田が反転してドリブルを開始。瞬く間に相手DFを置き去りにして関口にパスをはたくと、そのまま前方へと加速。関口の絶妙なリターンを受けると、懸命に足を伸ばし、左足のつま先で福岡GK中村航輔の股間を抜いてゴールへ押し込んだ。

この瞬間、ヤンマースタジアム長居は地鳴りのような大歓声に包まれた。

負ければJ1昇格を逃す福岡も、坂田大輔と中原貴之を投入して反撃に出る。それでも、C大阪リードのまま時計の針は刻一刻と過ぎていった。だが――。

1年でのJ1昇格という目標達成も見えてきた87分、C大阪は痛恨の失点を喫してしまう。「試合を通して守備はできていたけれど、失点の場面だけ（ボールの）取られ方が悪くて、全体のバランスが悪くなり、やられてしまった」と試合後に山口も振り返ったように、この場面、Ｃ大阪はマイボールの状態から中村北斗にボールを奪われると、サイドを変えられ、そのままサイドを突破した福岡の亀川諒史からクロスが放たれると、Ｃ大阪にとっては「時間が止まったような感じ」（山下）となる。その瞬間、攻撃の起点になった中村北が逆サイドから駆け上がると、福岡サポーターの思いを乗せたシュートがＣ大阪ゴールのサイドネットに突き刺さった。

失点後、中澤聡太を入れて前線に送り、パワープレーの意図を明確にしたＣ大阪は、89分にはエジミウソンも投入。後半ロスタイムには山下も前線に上げるなど執念を見せたが、なりふり構わぬ攻撃も届かず、1−1で試合は終了した。

完敗した第41節の長崎戦後の監督交代という劇薬が功を奏し、Ｃ大阪は終盤、見事に盛り返した。〝1年でのＪ1復帰〟。その思いがプレーオフを含めたラスト3試合に凝縮されたが、ヤンマースタジアム長居には、Ｃ大阪の昇格を願う強さだけではなく、福岡の譲れぬ思いもあった。シーズンを怒とうの8連勝で締めくくり、最終的には磐田と同じ勝ち点82でリーグ戦を終えたプライドと最後まであきらめない勝負強さ。中村北のシュートが決まった瞬間、C大阪の先制時に負けないくらいのアウェイゴール裏の感情の爆発に、スタジアムは揺れた。

互いの思いがぶつかり合った、熱く激しい好ゲームは、福岡のJ1昇格で幕を閉じた。

明暗くっきり分かれた試合後、玉田や関口らは人目をはばかることなく涙を流した。試合後のミックスゾーンでも悔しさは充満したが、2014年のホーム最終節、降格が決定した鹿島戦後のような空虚感はなかった。山口は「失点まではうまくできていた。ロングボールという相手のストロングに対しても、試合を通してうまく抑えていた。ただ、相手のもう一つのストロングであるカウンターでやられてしまった。最後のシーンに行くまでに、どこかでつぶせる場面があったと思う。もっと勝負に徹しないといけない状況だった。試合のペースはほとんど自分たちが握っていたし、1点取った後も、2点目を取りに行こうと思っていた。決め切るチャンスがなかったわけではないから、そこでいかに冷静になれるか。1年間を通して、そこは足りなかったと思う。（J1昇格に足りなかったことは）一つではないと思うけど、決め切るところで決め切る、守り切るところで守り切ること」と反省点を挙げながらも、「今日はみんなよく戦っていたと思う。こういう試合をシーズン通して常にできていれば、もっと上の順位で終われたかも知れない」と、どこか達観したような表情で話した。

1年でのJ1復帰が叶わなかったC大阪。試合直後は目を赤く腫らして茫然自失だった玉田も、気持ちの落ち着きを取り戻した数日後、「セレッソにとってこの年は上がってはいけないと、メッセージが込められていたのかなと思う。クラブも選手も『このままじゃダメなんだよ』と。変わらないといけない、そのきっかけの年になればいい」と〝昇格失敗〟の意味を語った。目標にはたどり着かなかったが、クラブ、チーム、選手、サポーター、それぞれがそれぞれの立場で〝昇格〟を目指した日々、そして、痛みを忘れてはならない。

去りゆく3人のスタッフ

この章の最後に、2015シーズン限りでC大阪を離れた3人のスタッフについても触れておきたい。まずは塩谷瑛利マネージャー。主に選手の用具準備が担当だった。用具を乗せたトラックを運転して、アウェイの試合会場まで向かったこともある。

2011年からC大阪のマネージャーとしてチームを裏から支えていた塩谷。きっかけは、ACL出場だった。「2011年の開幕前、『ACLに出ることになったから（マネージャーを）増やそう』となった。それまで僕はスクールコーチをしていたけど、僕に声がかかって、5年間やりました」と振り返る。激務のマネージャー業については、「最初は知らないことも多くて大変だったけど、トータルで見れば楽しかった。何より、セレッソのトップチームに関われたことが幸せだった。僕はずっとセレッソが大好きだった。地元が長居の近くで、JFLのころからスタンドで見ていた。10番マルキーニョスの時代

（笑）。小・中・高とずっと見ていた。地元でもう一人セレッソが好きなやつと一緒にゴール裏とかで」と、自身の原風景を懐かしそうに語った。

スクールコーチになったきっかけは、「ずっと指導者になりたかった。高校を卒業したころ、セレッソがスクールコーチを募集していて、応募したけどダメだった。大学を出る時も、その時は募集していなかったけど、ダメもとで電話をした。『いまは募集していません』って断られましたけど（苦笑）。でも、そのすぐ後に再び募集していたので、すぐに応募した。いまだに、そのときに対応してくれた人に『お前は何回も連絡してきたな（笑）』と言われます」

並々ならぬC大阪への情熱でたどり着いた現在の立場を離れると決まったいま、「寂しさはあります。マネージャー業は好きだったし、もっとやりたかった。海外って、ホペイロに年齢を重ねた人もいるじゃないですか。僕も将来、セレッソの歴史を語るようなホペイロになりたかった。『乾って選手がおってな、曜一朗がおってな、って』（笑）。他クラブでマネージャーですか？ これだけ大変な仕事、セレッソじゃないとできませんよ」。

セレッソ愛に溢れる塩谷。2015年12月の時点で「今後は未定」とのことだが、またどこかで再会できることを願いたい。

２０１５年12月。シーズン後の自主トレ期間。羽田コーチに鹿島から誘いがあるという情報を耳にした。直接、本人にたずねると、「うん？何のこと？」と笑ってとぼけながらも、心は揺れていた。

「正直、鹿島から話が来たことはすごく光栄なこと。このチャンスを逃したら、もうこんな話はないかも知れない」

偽らざる本音だった。ただし、それと同じく、C大阪に対する気持ちも深かった。選手として２００７年に鹿島から期限付き移籍でC大阪に加入すると、２００９年に完全移籍。この年は主将としてJ１昇格にも大きく貢献した。２０１０年のシーズン後に神戸へ移籍し、２０１２年限りで選手を引退するも、２０１３年にスクールコーチとして再び桜へ戻って来た。２０１４年はU-18コーチ、２０１５年はトップチームコーチと指導者としての階段も着実に上がっていった。

選手時代、「天然なところもあるけれど、ハネさんの言葉には重みがある。いるだけでその場が締まる」と酒本が評したその人間性は、コーチになっても変わらなかった。大熊清強化部長からは、2016年も必要な戦力として慰留されていた。「贅沢な悩み」。そんな胸中を明かしていた羽田だが、最終的には鹿島での挑戦を選択。C大阪のオフィシャルファンサイトによると、「将来はC大阪で監督をやりたい」という希望も持っていることが伝えられた。

羽田コーチの揺れる胸中をリアルタイムで聞いていた一方、〝ガンジー〟こと白沢敬典通訳の福岡への加入は驚きだった。

1月上旬、マスコミ向けに送られてきた白沢通訳の文章には、「昨年も長いシーズン、最後まで共に闘っていただき本当にありがとうございました。突然で申し訳ありませんが、ご報告です。今年からアビスパ福岡でお世話になることになりました。長い間、どんな時もいつも支えていただき本当にありがとうございました。クラブからは契約更新の話をいただきましたが、昨年は『1年で昇格できなかったら何があろうと言い訳なし』と覚悟を決めて臨んだシーズンでしたので、退団させていただく選択をしました。その一方で、何年かかろうとセレッソを昇格させるのが、降格させてしまったスタッフの一人としての責任だとも思います。ただ、昇格できなかったのに契約更新の話を頂いたから受ける、となると、じゃあ1年前の覚悟はなんだったのか、という自問自答の結果、出した答えです。私にとってメディアの皆さんはサポーターの方々と同じく、喜びだけではなくて、悔しさも悲しみも現場で分かち合った仲間だからこそ特別な存在です。真心を込めた『本当にありがとうございました！』の言葉を皆さん一人一人にお伝えしたいと思います。チームを離れはしますが、今年からはテレビの前でセレッソの全試合、力一杯応援します。テレビの前なら3度目の退席処分はないですからね…苦笑。本来、直接皆さんにごあいさつすべきところ、機会と時間がなくなってしまいメールで本当に申し訳ありません。改めてもう一度。ホンマに長い間、ありがとうございました！ムイト・オブリガード！！！ナマステ～！！！」と綴られていた。

正直、涙なしには読めなかった。２０１４年はフォルランが苦しむときも良き話し相手となり、２０１５年はアウトゥオリ監督と選手の間で板挟みにあうこともあっただろう。「彼は本当にまじめな男。通訳として（伝達の）責任を感じていたのだと思う。もちろん、こちらは来年もお願いしたが、彼の意思は固かった」と玉田稔社長は話す。

福岡への加入が決まったのは、白沢がC大阪を離れる決断をした後のこと。いつかまた、通訳ながらもサポーターからサインを求められ、自身が目立つことを周囲に申し訳なさそうにしながらも、サポーターからの頼みは断れずに似顔絵まで書いてしまう好漢であった彼の、C大阪復帰を待ち望みたい。

２０１４年と同様、紆余曲折ありながらもチームとして同じ目的に向かってまい進した２０１５年のメンバーを、決して忘れることはない。

2015年3月19日・20日発売のエルゴラッソ1571号関西版表紙。第2節・大宮戦でさっそく本領を発揮した新加入の玉田

ELGOLAZO

the Football Journal

本紙販売期間 11/27(金)まで

11/26(木)27(金)日号 毎週 火・木・土 発売

エル ゴラッソ 関西・中国・四国版

定価160円(税込)

http://www.golazo.jp/

明治安田J2第42節マッチレポート

サックスブルー、J1へ帰還

明治安田J3第39節マッチレポート

ミラクル・レノファ。劇的同点弾で来季J2へ

いざJ1昇格プレーオフへ

2015.11.23
MEIJI YASUDA J2 League
MATCH DAY 42

C.OSAKA 2
TOKYO V. 0

リーグ最終節を残して、パウロ・アウトゥオリ監督から大熊清強化部長への前代未聞の監督交代劇。不安を抱えたまま迎えた最終節だったが、ベテランCB茂庭照幸の2ゴールで東京Vに快勝した。

ただ、C大阪の戦いはこれで終わりではない。最大の目標であるJ1昇格に向けて、29日からプレーオフが始まる。8連勝でリーグ戦を終えた福岡や今季、アウェイで敗れている愛媛など強敵ばかりだ。しかし、J1昇格プレーオフ準決勝の愛媛戦、そして決勝の舞台はC大阪のホーム・ヤンマースタジアム長居。負けるわけにはいかない。「セレッソが今まで築き上げてきたモノや重みを胸に刻んで、J1昇格プレーオフを戦うことが重要。試合が終わったとき、持っているモノを全部出し切れるような試合をしたい」（大熊監督）。桜は最後、大勢のサポーターの前で笑顔で終わる。

Photo: © J.LEAGUE PHOTOS

2015年11月26日・27日発売のエルゴラッソ1674号関西版表紙。リーグ最終節・東京V戦を茂庭の2ゴールで勝ち切り、4位でJ1昇格プレーオフへ

第四章　欧州挑戦。山口主将が桜に残した軌跡

ドイツへ。旅立ちの朝

周囲はまだ薄暗く、暖冬ではあったものの、空気は凛として冷たい。

正月の三が日が過ぎ、世の中では新たな年が本格的に始まろうとしている。旅立ちにふさわしい朝だった。

2016年1月4日午前6時。渡独を前に、山口蛍は伊丹空港で出発前、最後の取材に応じた。一つひとつの質問に過不足なく淡々と答えていくスタイルは従来どおりだが、その表情は心なしか晴れやかで、新たな挑戦に対する高揚感も伝わってきた。

「移籍自体が初めて。場所も海外。新たな自分を発見できるのではないかとワクワクしている。選手としても大きくなれると思う。日本で得られないものも身に付くと思う。日本を離れることに若干の寂しさはあるけれど、楽しみな1年だし、チャレンジしたい気持ちが強い。スタジアムの雰囲気はすごく良かった。早くあの舞台でプレーしたい」

山口は、中学時代から過ごしたセレッソ大阪を離れ、新たな挑戦に身を投じる決心をした。舞台はブンデスリーガ。チームは清武弘嗣、酒井宏樹と日本人選手が二人所属しているハノーファーだ。

移籍を決断する上で「大きな存在だった」と自身が移籍会見で語った清武について問われると、「サポートしてくれることは心強いけど」と前置きしつつ、「キヨくん（清武）はすでにチームで絶対的な存在。自分は試合に出ることから始めないといけない。リーグも半分終わった状況。チームに貢献できるよう、練習からアピールしたい」と冷静に自身の立ち位置を見据えていた。

手塩にかけて育てた息子の旅立ちを見送りにきた、父・山口憲一は、喜びとともに、あくまでこれは「スタート地点」だという気持ちを強調した。

「（息子の海外移籍は）素直にうれしい。でも、本人もそう思っていると思うけれど、ここからがスタート。ここからどれだけ活躍できるか。試合に出て活躍することが、関わってくれた指導者、応援して下さっている方への恩返しになる」

サッカー経験者でもあった父と、2歳年上の兄の影響もあり、山口は小学3年生からサッカーを始めた。その後、山口が小学4年生の時に両親が離婚。大阪の会社に勤務していた憲一は、二人の息子と過ごす時間を確保するため辞職。その後は地元で仕事を掛け持ちしながら生計を立てたという。

そんな父親に対して、山口はことあるごとに感謝を口にしている。2013年のJリーグアウォーズでは、自身初のベストイレブンに輝いたが、壇上で「父にこの賞を一番に捧げたい」とスピーチ。遡ること半月前の2013年11月30日には、自身のブログにて、「自分の中でも今までで一番の買い物」として、車を父にプレゼントしたことも明かしている。

「こんなんでいいんかな？　って、最初思ったけど、喜んでくれていたから良かった。まだまだ恩返ししても永遠にできないくらい迷惑かけているけど、これから少しずつ恩返しできたらいい。ここまで自分が育ってこれたのも父さんのおかげ。父さん、ありがとう！」

ブログには父への感謝のメッセージが綴られていた。

中学進学後はC大阪U-15へ加入。小学生時代に京都サンガの下部組織と対戦した試合で活躍した山口は、京都から入団テストの誘いを受けるも、同時期にC大阪、G大阪も含めた3クラブのテストを受けた。すると、テストを受けたその日にC大阪から「合格」の連絡が届き、すぐにC大阪に決めたという。

プロへの気持ちは、この時すでに芽生えていた。

片道約2時間かけて、三重から大阪へ通う日々。大変ではあったが、日に日にサッカーがうまくなっていることを実感できた山口少年は充実を感じていた。

そんな彼が一度だけ、サッカーの道から逸れかけたことがある。C大阪U-18昇格が決まった中学3年の終わりごろ。卒業直前、2カ月近く練習に行かず、家に帰らないこともあったという。この時、辛抱強く山口の復帰を待ったのが、当時のC大阪U-18監督の副島博志だった。結局、兄も交えた3人の〝家族会議〟で、C大阪に戻ることを決意。この時のことは、ロンドン五輪選出時の囲み取材で初めて話題となった。「なぜ練習に行かなかったの?」と尋ねる報道陣に対して「何でなんすかね。地元の友達と、離れる前に遊びたかったんですかね」と苦笑いを浮かべたが、サッカーに対して真摯な姿勢を貫く普段の山口からは想像できない意外なエピソードとして強く印象に残っている。なお、2015年にスカパー！　の解説者としての副島と、試合後のインタビューで対面した山口は、普段はあまり見せることのない、何とも言えない照れ隠しのような表情で質問に答えていた。

サッカーの道に戻って来た山口は、C大阪U－18でもメキメキと頭角を現す。3年時は主将としてチームを引っ張り、JFAプリンスリーグU－18関西で優勝を飾り、Jユースカップでは準優勝も果たした。ポジションは攻撃的MF。「プレーで引っ張るタイプ」。当時の山口について丸橋祐介はこう話す。

「昔からサッカーが大好きだった。常にサッカーのことを考えていた。取り組む姿勢もチームで一番だった。高校時代もTVで海外サッカーばかり見ていたし、海外の選手もかなり詳しかった。（一緒には見なかった？）僕は見ていなかったですね（笑）。性格は静かと思われているみたいだけれど、チーム内では意外とうるさいですよ（笑）。外に見せる顔と中では少し違うかも。僕らには結構冗談も言いますしね。プレーは頼もしかった」

伊丹空港では、家族に大勢のサポーター、そして柿谷曜一朗、丸橋、秋山大地というC大阪アカデミーの先輩、同期、後輩に見送られ、山口は機上の人となった。

近年、C大阪から海外移籍する選手は増えているが、山口に対しては、筆者も深い感慨がこみ上げてくる。プロ入りから7年。個別インタビューすること5回。対談形式を含めると7回。日々の練習後の取材や試合後の囲み取材を含めると、これまでに何十回、いや何百回と会話を重ねてきた。距離が縮まったと感じることはついにできなかったが、取材対象者としての彼は、常に興味深い選手であった。髪型こそ頻繁に変わる今時の若者感もあるが、芯が強く、ブレない意思を持つ。プレースタイルは激しいが、人見知りで少し不器用。サッカー小僧で、絶えず進化を続ける努力家でもある。

7年間。クラブでポジションを勝ち取れずに苦しむ時期もあった。それでも、ロンドン五輪、ブラジルW杯と着実に歩みを進めてきた彼のC大阪でのサッカー選手としての軌跡を、その時々のコメントや様子も交えながら、この章では振り返っていくことにしたい。

プロ入り後、葛藤の日々

W杯の日本代表選手にまで登りつめた山口だが、プロ入り後、しばらくは壁に当たる日々を過ごした。

C大阪U－18からトップ昇格した2009年。与えられた背番号は、前年まで香川真司が付けていた『26』。クラブの山口に対する期待の大きさが伺えた。

ただし、2009年の戦いの舞台はクラブとして2度目となるJ2で、なかなか昇格を果たせず3年目を迎えていた。この年はJ1昇格が至上命令の年であり、期待の若手といえど、そう簡単に出番は巡ってこなかった。ボランチは、2008年にパルメイラスの主将としてコパ・リベルタドーレス出場権獲得にも貢献したマルチネスを軸に、主将の羽田憲司、さらには山口の1学年上の黒木聖仁（現・甲府）がシーズン途中からレヴィー・クルピ監督に抜擢され、主力として活躍した。

この年の5月、山口は同期の丸橋とともにパルメイラスU－21に3カ月、ブラジル武者修行に出ている。この時の経験について、後に山口は、「最初は言葉や食事の面で戸惑った。練習中も試合のような激しいプレーが日常的だった。精神的に強くなれたことが収穫」と語っている。

プロデビューはシーズンも終盤に差し掛かった第45節・愛媛FC戦（3〇1）で訪れた。愛媛戦を迎える週の初めに行われたサテライトの試合で2得点した結果を評価されての抜擢だった。また、そのサテライト戦の前日に、トップチームが天皇杯2回戦でアマチュアの福島ユナイテッドFCに敗れており（1●2）、ルーキーの抜擢はチームへのショック療法的な意味合いもあった。そうしたきっかけが重なり、J1昇格争いが佳境を迎えた終盤戦に山口は出場機会を得た。

ただ、この試合でチームは3－1で快勝したものの、山口は56分に途中交代している。試合後は、「初めての試合で勝てたことは良かったけど、自分自身はガチガチだった」と苦笑いで振り返った。それでも、「こういう観客が大勢入った中で試合をしたことはなかったし、（サポーターからのコールも）恥ずかしかったけど、ユースの時からの同じ歌だったので、うれしかった」と笑顔も浮かべていた。

プロ2試合目は、J1昇格決定後の第50節・岐阜戦（2〇1）。この試合、ゴラッソ2発で勝利に導いた船山祐二（現・東京V）に代わって守備固めで後半途中に投入されると、役割を果たして勝利に貢献した。そして、C大阪にとってJ2優勝が懸かった最終節の第

51節・鳥栖戦（1●2）で山口は再び先発を飾る。出場停止のチアゴに代わって羽田が最終ラインに下がり、山口がマルチネスとダブルボランチを組んだ。

試合は、乾貴士とキム・ジンヒョンの二人が退場する大荒れの中、後半ロスタイムに2失点して逆転負け。C大阪がJ2優勝を逃す残念な幕切れとなったが、山口自身は無難なプレーを見せ、自身初のフル出場を果たした。「10人になってから引き過ぎた。あれだけ相手にボールを持たれると厳しい」と冷静に試合を振り返りながら、「来年、J1で個人としても活躍したい」と来季につながるプレーを見せた。

ルーキーイヤーの2009年を、山口は公式戦3試合出場という記録を残して終えた。

プロ2年目の2010年。筆者は開幕前に発売されるエルゴラッソの選手名鑑に、山口について、昨季のプレーぶりに触れながら、「将来のC大阪を背負って立つべき好素材」と記した。

本人にとっても、少しでも出場機会を伸ばすべく迎えたシーズンだった。しかし、依然として出番は少ないまま。当時の指揮官レヴィー・クルピは、この時すでに山口について「スピードとスタミナがあり、技術もある。体が強くてボールが奪える。機を見て攻め上がり、フィニッシュにも貢献できる。攻守両面で優れたボランチになる要素は兼ね備えている」と高い評価を与えてはいたが、マルチネスに加えて、この年にヴァスコ・ダ・ガマから加入したブラジル人のアマラウが主力のボランチとしてプレー。さらには羽田も含めた実力者たちの陰に隠れ、山口は頭角を表せずにいた。練習中に行われる紅白戦ではサブ組にも入れずメンバー外になる時もあり、小菊昭雄コーチとグラウンドの隅で練習に明け暮れることもあった。

ピッチに立つチャンスを得たのは、同期の丸橋のほうが早かった。プロ1年目の2009年は出場機会ゼロに終わった丸橋だが、2010年は、4月25日の第8節の名古屋戦（0●1）でプロデビュー（自身のファウルで与えたFKを玉田圭司に直接決められる苦いデビュー戦だった）を果たすと、南アフリカW杯による中断期間後の初戦、第11節・広島戦（5〇0）で左SBとしてプロ初先発。それまでのレギュラーだった尾亦弘友希の負傷離脱を受けて巡ってきた機会をつかむと、丸橋は以降も不動の左SBとしてJ1復帰1

年目の快進撃に貢献した。

一方、この年、山口が初出場を果たしたのは、5月29日のナビスコカップ予選リーグ第5節の仙台戦（0●1）。羽田とダブルボランチを組んでの先発だった。しかし試合の流れに乗れず、失点にも絡んでしまう。「公式戦でどういうプレーができるか、見極めるには絶好のチャンス」とクルピ監督が試合前に語っていた中でアピールに失敗した。その後、リーグ第15節の清水戦（2●3）でも先発のチャンスを得たが、前半のみで交代となる。

結局、それ以降の出場機会は、リーグ最終節まで訪れなかった。


2010年10月6日。20歳の誕生日に山口は、「マル（丸橋）が先発で出て、しっかりやれることを示してくれている。下の若い選手にとっても、いい見本になっている」と話している。自身については、「関さん（関塚隆ロンドン五輪代表監督）はサテライトの試合も見に来てくれる。その時はいいプレーもできている。11月のアジア大会に向けて、チームでも頑張っていきたい」と語っていた。C大阪で出場機会を思うようにつかめない中、U－21日本代表の活動がこの時の支えとなっていたのだ。

２０１０シーズンが進むにつれ、「サテライトでは王様」（小菊コーチ）のプレーを見せつつあった。９月に行われた関西ステップアップリーグ戦、関塚監督が黒木を視察に訪れたとされた試合で、目にとまったのが山口だった。そして、11月に中国の広州で行われた第16回アジア競技大会のメンバーに選出されると、全７試合中６試合で先発フル出場（残り１試合も途中出場）を果たし、山村和也（当時・流経大）の相棒として、ボランチで守備に奔走。バランス感覚を持ちながらスペースを埋め、黒子としてチームを支えた。グループリーグ第２戦のマレーシア戦では得点も決めている。

Ｊリーグと並行して行われた同大会に挑むU－21日本代表は選出メンバーも限られ、前評判は決して高いものではなかったが、そんな周囲の低評価を覆す快進撃を見せて優勝を果たした。この時のメンバーからは、山口だけではなく、東慶悟や永井謙佑などがロンドン五輪本大会でも主力を張ることとなる。

帰国後、主力として優勝に貢献したアジア大会について山口は、「日の丸を背負って戦った経験は楽しかった。初戦は少し硬かったけど、だんだんいいプレーができるようになってきた。失点も１点だけに抑えたし、チームに一体感があった。（グループリーグ初戦の中国戦でのブーイングは？）気にならなかった。集中していれば聞こえない（笑）」と語っている。その後も山口は折に触れて「アウェイは嫌いじゃない」と話しているが、逆境に燃えるタイプなのだろう。

この大会を経た山口の変化について羽田は、「行く前と戻って来た後では違いを感じた。それまでは、練習ではいいけど、公式戦では物怖じして自分のプレーを出せていなかった。だけど、自信を付けて帰って来た様子が分かった」と語っている。金メダルについてはクルピ監督も、「勝者のメンタルをつかんで帰って来た。素晴らしい結果」と賛辞を送り、将来への期待も込めて、２０１０年の最終節、ＡＣＬ出場権を懸けた戦いとなった第34節の磐田戦（６〇２）では、後半開始から山口を投入している。

「来年は五輪予選も始まる。常に呼ばれ続けるように、セレッソでもしっかり試合に出てプレーしたい」

そんな前向きな言葉で締めくくられた２０１０年だった。

〝我慢〟と〝萌芽〟が入り混じったこの年、山口は「移籍したほうがいいのかな」という悩みを人知れず抱えていた。「いや、やっぱりセレッソで試合に出たい」。そんな葛藤の日々を支えた一人が、小菊だった。後に山口は、「試合に出られない時も常に声をかけてくれたし、自分では気が付かないことも、小菊さんは気付いた時にすぐ言ってくれた」と小菊へ感謝を述べている。

「移籍したほうがいいのかな」と考えるほど追い詰められていた山口に対して、日々、コーチとしてどう接していたのか。当時の様子について、小菊は次のように語る。

「蛍はね、分かりやすい。喜怒哀楽がハッキリして、ほっといてもいい時と、いまは苦しんでいるな、という時がハッキリしていた。能力は本当に高いけれど、試合になるとレヴィーの要求に応えられずに苦しんでいた。私たちスタッフが、苦しんでいる時にうまくサポートすることができたら、メンタルのバランスさえ整えてあげられたら、ということだけを考えていた。蛍は本当に苦しんだけど、本人もうまく自分で微調整しながら、強いメンタルを身に付けてくれた」

傍目にはポーカーフェースを崩さないように見える山口だが、中学生時代からの長い付き合いである小菊にとっては、彼の心の機微が手に取るように分かるのだろう。「ちょっとした仕草や雰囲気でね、（心境は）なんとなく分かる。でも、蛍もわれわれの気持ちにきちんと応えようとしてくれていた」

U－21代表でつかんだ自信を胸に、クラブでも先発定着が期待されたプロ3年目の2011年。背番号も一ケタの『6』に変更された。クラブは彼や、この年から羽田の背番号2を継いだ扇原に期待を寄せていたのだ。ボランチは、マルチネスこそ健在だが、アマラウが退団し、羽田も神戸へ移籍。彼らが飛躍する状況は整いつつあった。この年のエルゴラッソ選手名鑑では、山口について「昨年のアジア大会ではボランチのレギュラーとして日本の優勝に貢献。大きな自信と経験を身に付けて帰還した。サッカーセンスは申し分ないだけに、チームで先発を勝ち取るにはメンタル面がカギを握りそうだ」と記した。

始動日、「やっぱり一ケタはうれしい（笑）。今季はU－22日本代表に選ばれ続けることと、チームでレギュラーを取ることが目標」と勇んで臨んだ新シーズンだったが、開幕前のキャンプでマルチネスの相棒としてボランチのポジションをつかんだのは、この年、千葉から移籍してきた中後雅喜（現・東京V）だった。

ロンドン五輪を目指すU－22代表では着実に立場を固めていく一方、C大阪ではなかなかレギュラーを確保できない現実。G大阪とのリーグ開幕戦ではベンチ入りすらできない悔しさを味わうと、開幕から2カ月半後、万博記念競技場で行われたG大阪とのACLラウンド16の一発勝負でも、山口はメンバーに入れなかった。

この試合、出場停止でメンバー外だった茂庭照幸は山口に、「明神（智和・現名古屋）さんのプレーを見ておけ」と隣でアドバイスを送った。かつて、自らも年代別代表での定着を足掛かりにクラブでも出場機会を伸ばしていった茂庭は、当時の自分と同じ境遇の山口を気にかけていたのだ。

その後も、6月に行われたU－22クウェート代表とのロンドン五輪アジア2次予選のホーム＆アウェイの2試合ではともに途中出場と着実に関塚監督の信頼を得ていた一方で、C大阪では、中盤に君臨する中後からポジションを奪えずにいた。難しい状況に置かれていたのは間違いない。

そんなクラブにおける自身の立ち位置を変化させるきっかけとなったのが、8月28日に行われたJ1第24節・浦和戦（3〇1）だった。

プロデビューしたばかりの扇原と初めてプロでダブルボランチを組んで臨んだこの一戦は、山口がプロ初得点となる先制点を挙げれば、1－1で迎えた87分には扇原にもプロ初得点が生まれ、C大阪が3－1で勝利。フル出場した山口は、攻守にバランスを取りつつ、積極的に攻撃にも参加するという、現在にも連なる持ち味を随所に発揮。トップ昇格後、ベストの内容とも言えるプレーを見せた。新時代の息吹を感じさせたこの浦和戦は、山口にとって一つのターニングポイントだったと言っていい。

飛躍の時。ロンドン五輪を経て

ロンドン五輪最終予選。勢いに乗り始めた若者に与えられた次なる試練だ。

2011年9月21日。鳥栖スタジアムで行われたU－22マレーシア代表との一戦を皮切りに始まった全6試合。山口は、初戦のマレーシア戦（2〇0）と第2節の敵地でのバーレーン戦（2〇0）はどちらも途中出場となったが、短い時間ながらも戦術を遂行したプレーで勝利に貢献すると、ホームで行われた第3節のシリア戦では先発の座をつかむ。U－22日本代表において初めて扇原とボランチでコンビを組むと、チームを2－1で勝利に導いた。

クラブでは、前述した浦和戦後もすぐにレギュラーを勝ち取ったわけではないが、この年のリーグ戦出場数は『17』を数えた。プロ1年目が『3』、2年目が『2』であったことを思えば、確かな進歩である。

この年は、11月にクルピ監督の退任も発表された。クラブは慰留に努めたが、クルピ監督自身が下した決断だった。2007年途中から2011年まで足掛け5年間に及んだC大阪での2度目の指揮。「一つのサイクルが終わった」と語ったクルピ監督は、退任理由に「家族と5年間、離れて暮らしていたこと」も挙げている。

名伯楽と歩んだ2011年。クラブとして初出場となったACLでは準々決勝で全北現代に敗れた。リーグ戦でも12位に終わった。

残る最後のタイトルである天皇杯。去りゆく恩師の花道を飾るべく、〝初タイトル奪取〟の機運は高まっていた。

山口も天皇杯の勝ち上がりに貢献した。清水との準々決勝（２△２）では、ＰＫ戦までもつれ込む中、１２０分運動量を落とさず走り切り、ボランチでコンビを組んだキム・ボギョン（現・全北現代）とのバランスも崩さなかった。プロ入り後、期待に応え切れずにいたクルピ監督へ、一皮剥けた姿を見せたのだ。

勢いを得て迎えた準決勝は、現在のＣ大阪監督である大熊清が指揮するＦＣ東京の前に、Ｃ大阪は０－１で敗れた。〝元日・国立〟という夢は儚く散った。恩師にタイトルをプレゼントすることもかなわなかった。しかし、「大志を抱くこと、夢を持つことの大切さ」を若い選手に説き続けたクルピ監督の教えは、山口の胸にもしっかりと刻まれた。

迎えたプロ４年目の２０１２年。エルゴラッソ選手名鑑には、山口について「クラブ、U－23代表の主力として年間を通して活躍が望まれる今季の期待値は、過去のシーズンと比べようもなく高い」と記した。

しかし、スタートはよもやの逆境からだった。年明けにグアム、カタールと合宿をこなし、満を持して臨んだロンドン五輪最終予選第４節のシリア戦。シリアの政情不安によって中立地のヨルダンで行われたこの試合は、日本が1－1で迎えた終了間際、シリアにロングシュートを決められ、まさかの敗北。グループリーグ〝首位陥落〟となった。2位通過でもプレーオフでロンドン五輪出場への望みはつながるとは言え、この敗北の衝撃は大きかった。

しかし、逆風の中でもブレないのが山口蛍という男。

必勝態勢で迎えた敵地での第5節・マレーシア戦で、山口は大いに輝いた。日本が大量4得点で勝利した試合だったが、山口は相手両SBの果敢な攻め上がりを広範囲にわたってカバー。終盤に訪れたカウンターのピンチにも全力疾走で帰陣した。チームの主軸にふさわしいパフォーマンスだった。

獅子奮迅の活躍の裏には、けがで戦列を離れていた清武の存在もあった。第4節のシリア戦に向けたカタール合宿中、清武は練習試合で全治6週間のけがを負った。マレーシア戦を前に、リハビリ中の清武から託された「勝ってくれ」という祈りにも似た言葉。日本のために、そして盟友・清武のためにも、運命の最終節にいい形でつなげたい、その一心で戦っていた。

そして、一時は試合出場が絶望視されていた第6節のバーレーン戦に、清武は間に合った。2012年3月14日、国立競技場。勝てば無条件でロンドン五輪の出場権を手にすることができるこの試合。日本は55分に扇原が利き足ではない右足で殊勲の先制点を挙げると、59分、思いの丈を込めた清武の豪快な一発がゴールに突き刺さり、2－0で見事に勝ち切った。5大会連続での五輪出場を決め、国立競技場のピッチに歓喜の輪が生まれた。はしゃぐ仲間たちの中で、山口は安堵の気持ちを噛みしめた。「負けた試合にも出ていたし、出場権を取れなかったら責任を感じるところだった。ホッとした」。

ロンドンで戦う相手がスペイン、ホンジュラス、モロッコと決定した4月24日。普段からバルセロナやレアル・マドリードを中心にリーガ・エスパニョーラの試合をよく見ている〝J屈指の欧州サッカー通〟山口は「スペインとの対戦は特に楽しみ」と本大会に思いを馳せた。

ロンドン五輪本番へ向け、最後の準備段階となった5月のトゥーロン国際大会。この大会に山口は選出されていない。「ある程度、彼の力は分かっている」という関塚監督からの言葉はあったものの、本人は、少なからず最終選考へ「不安が募った」という。

トゥーロンでの日本は、初戦のトルコ戦を0－2で落とすと、2戦目のオランダには3－2で勝利するも、グループリーグ突破を懸けた第3戦のエジプト戦は2－3で敗れ、決勝トーナメントに進出できなかった。3試合で計7失点。この大会は、海外組の宇佐美貴史（当時バイエルン）や高木善朗（当時ユトレヒト）、指宿洋史（当時セビージャ・アトレチコ）といった攻撃陣がアピールする場になった感もあり、組織うんぬんを問うことは難しくもあったが、山口の守備面での重要性が浮き彫りになったとも言える。

全3試合に先発フル出場した扇原は、「やっぱりアジアとの違いを感じた。初戦のトルコ戦では相手に当たり負けることもあったし、個人個人の能力も高かった」と述べている。世界を相手に戦ったこの大会の内容と結果を通して、本大会に向けたオーバーエイジ枠の選定（最終的にCB吉田麻也とSB徳永悠平、GK林彰洋といった守備の選手が選ばれた）や、ロンドン五輪本大会での戦い方が方向付けられた面もあるだろう。

迎えた7月2日。ロンドン五輪最終メンバー発表当日。C大阪からは、清武弘嗣、扇原貴宏、そして山口蛍が選出された。正確には、7月1日付でニュルンベルク所属となっていた清武は、「メダルを獲る」との言葉を残して発表前日にすでにドイツへ向けて旅立っていた。ゆえに、山口と扇原の二人で臨んだ会見で山口は、感謝と意気込みを述べた。

「今まで不安もあったけど、いざ選ばれてホッとした。素直にうれしかった。自分一人の力ではメンバーに残らなかったと思う。クラブやチームメートの力もあってここまでくることができた。セレッソサポーターやファンの皆さんの声援や応援が僕の背中を押してくれた。今まで苦労をかけてここまで育ててくれたお父さんには一番感謝したい。世界大会は初めて。経験していないぶん、オリンピックに懸ける思いは強い。メダルという目標を持って、日本のためにもしっかりと戦いたい。本大会に向けてチームとしてどう守るのか。そこをしっかりやって、一人ひとりがカバーの意識を強く持つことが大事」

会見では、C大阪の育成についても触れている。

「僕とタカ（扇原）と（杉本）健勇（当時は東京V所属）は育成出身。後輩たちに、自分たちが目標としてもらえるようなプレーをしたい。全員でピッチに立って戦いたい」

ロンドンに出発前、「まずは初戦。スペイン相手にどう守るか。勝つイメージをすれば、全員攻撃・全員守備しかない」と具体的な勝利へのイメージを語っていた山口だが、果たして、試合は想定を上回る理想的な展開の末、日本は1－0で勝利。〝優勝候補撃破〟というこれ以上ない好スタートを切った。吉田と徳永が加わったディフェンスラインの安定は顕著であり、1トップの永井が前から積極的にボールを追うことで、チーム全体がコンパクトな守備陣形を保つこともできた。

2戦目のモロッコ戦も、関塚ジャパンは止まらない。相手の時間帯を連動した守備で我慢強くしのぐと、後半、モロッコの運動量が落ちた時間帯に、清武から絶妙なパスが永井に渡り、永井が決勝点を決めた。スペイン戦に続き、山口の出来も素晴らしかった。黒子として守備に徹するだけではなく、79分には思い切ったインターセプトから最前線まで駆け上がり、決定的なシュートも放っている。欲を言えば決めたい場面だったが、〝ボックス・トゥ・ボックス〟の山口の長所が遺憾なく発揮されたシーンだった。

グループリーグ突破を決め、前線を中心にメンバーを大幅に入れ替えた第3戦のホンジュラス戦（0△0）でも山口は先発フル出場。1、2戦の扇原と異なり、山村とボランチを組み、中盤の底で守備を安定させた。

迎えた準々決勝・エジプト戦。場所はマンチェスターのオールド・トラッフォード。2012−13シーズンからマンチェスター・ユナイテッドでプレーすることが決まっていた香川真司より一足早く、同世代の日本の獅子たちがピッチに足跡を刻むと、3−0の快勝を飾った。予選同様、高い位置からのプレスを軸とした組織的守備がハマると、守から攻へのショートカウンターも面白いように決まった。快進撃を続けるチームの中で、山口も奮闘。絶妙なポジショニングで守備の綻びを防ぐと、パスワークでも貢献した。

メキシコ五輪以来、44年ぶりの準決勝進出。史上初の決勝進出も見えてきた準決勝・メキシコ戦。ファイナルへ、チームの団結は高まる一方だったが、聖地ウェンブリーで洗礼を浴びた。日本は大津祐樹の豪快なミドルで先制するも、その後、3点を立て続けに奪われ、金メダルの夢は散った。続く韓国との3位決定戦でも日本は0−2で敗れ、メダルという目標には届かなかった。

ただし、この2試合でも、連戦の中で山口のパフォーマンスは大きくは落ちなかった。

「五輪に懸ける思いは強い。日本のためにもしっかり戦いたい」と意気込んで臨んだ自身初の世界大会で山口は、全6試合に先発フル出場という記録を刻み、大きな成長を遂げた。のちに南野拓実が、「(ロンドン五輪での)アカデミーの先輩たちの姿を見て、自分も五輪に出たい気持ちが強く沸いた」と話している。山口の思いは、本大会でのプレーを通じて、後輩たちに確かに伝わった。

立ち上げの2010年アジア大会から約2年。関塚ジャパン不動のボランチとしてチームを支え続けた山口は、大会後、「(3位決定戦で)韓国に敗れてチームが解散する時は、言葉では言い表せない感情があった。関さんにも感謝することがいっぱいある。今後、成長した自分の姿を見せたい」と振り返った。その後、A代表に初招集された2013年には、「自分のスタイルを確立できたのは関さんに五輪代表に呼んでもらったおかげ。アジア大会に選ばれて、ロンドン五輪代表の活動を通して成長できた思いは強い。その間、クラブで出ていなくても代表で学ぶことも多かった。アジアの厳しい試合で得るモノも多かった。五輪代表でのトータルの活動は、自分にとって本当に大きな経験になった。自分のこれまでのサッカー人生で一番大きいと思う」と、より踏み込んだ内容で、ロンドン五輪代表での活動と関塚監督への感謝の気持ちを話していた。

〝世界〟で飛躍した2012年。クラブでも、山口はついにレギュラーを獲得する。この年、新たに就任したセルジオ・ソアレス監督との相性も良かった。堅い守備から攻撃に移れば素早く攻め切るという、監督の求めるスタイルをピッチ上でチームとして体現する上で、山口は重要な役割を担った。相手に寄せるスピード、ボールを奪い切る迫力。その安定感は特筆に値した。

成績不振により8月に途中解任されたソアレス監督だが、最後の指揮となった第23節・横浜FM戦は、この試合まで15試合負けなしだった相手に2－0で完勝。中澤佑二に「今日は90分セレッソに圧倒された」と言わしめる内容を見せたのだ。その中心にいたのが、先制点を決めた山口である。この試合は本来のボランチではなく右サイドハーフでプレーしたが、「前に行けることは楽しい」と意識的に得点を狙うと、攻守の切り替えでも率先してチームを引っ張った。山口はソアレス監督について、「シーズン最初は守備を期待されていたけど、最後のほうは攻撃参加も認めてくれた。自分のプレーを理解してもらえた。結果的に監督交代になったけれど、セルジオに教えてもらったことはいまも生きている」

と語っている。

ピッチ外でも変化は起きた。ロンドン五輪前後から、扇原らとともに人気面でも急上昇。C大阪の当時の練習場である南津守には、多くの女性ファンが駆け付けるようになった。ワイルドなルックスながら、時に見せるクシャッとした笑顔。若い女性ファンの心をつかみ、クラブも華やいだ雰囲気に包まれた。もっとも、そんな周囲の変化に対しても本人は浮かれた様子は見せず。ロンドン五輪後のフィーバーにも地に足がついていた。

C大阪は、最終節でようやく残留を決める厳しい戦いを強いられたが、ロンドン五輪後、8月下旬からのレヴィー・クルピ監督再任後も山口はがっちりレギュラーをつかみ、堂々としたプレーを見せ続けた。

ロンドン五輪でベスト4、リーグ戦でも30試合に出場した2012年は、山口にとって自身のサッカー人生を語る上で欠かすことのできない年となった。

夢の舞台と苦闘

名実ともにチームの顔として迎えたプロ5年目の2013年。開幕から山口は右サイドハーフで先発を続けた。元々、「技術があり、前に出てフィニッシュにも絡める」という素質をクルピ監督は認めていたが、その期待に応えるように、山口は序盤から得点を重ねた。クラブは上位争いを演じ、選手は注目を浴びる。好循環がC大阪に起きていた。

そして、国内組のみのチーム編成で臨んだ7月の東アジア杯で、山口は柿谷と扇原とともに、初のA代表にも選出された。「予想していたよりも早かった」というA代表初選出だったが、大会で山口は2試合のフル出場を含む全3試合に出場し、日本の優勝に貢献。大会MVPにも選ばれた。本人は「誰が考えてもMVPは（柿谷）曜一朗くん」と語り、試合内容にも満足はしていなかったが、この大会を機に山口はA代表に定着する。海外組もそろった8月14日のウルグアイ戦では、75分に長谷部誠に代わってピッチに入った。出場早々に本田圭佑へロングパスを通すなど見せ場を作り、守備もそつなくこなした。

海外組を含めた初のA代表は刺激に満ちていた。国内最高峰のボランチとしてザックジャパンに君臨する遠藤保仁とも初めてコンビを組んだ。試合前、「ポジションを争う意識より、学ぶことのほうが多いと思う」と、遠藤や長谷部とのプレーについて語っていた山口だが、「実際に隣でプレーして、（遠藤は）トップの選手だと感じた」。目指すべき頂きの感触を肌で味わった。

また、清武とも、ロンドン五輪以来の再会を果たした。合宿に行く前、「キヨくんと代表でまた一緒にプレーできるのは楽しみ」と心待ちにしていたが、A代表で接した清武については、「練習でもミスが少ない。海外でプレーしている選手はキヨくんに限らずプレーの質は高かった」とあらためてレベルの高さを感じていた。

東アジア杯組の中で、ウルグアイ戦のピッチにも立ったのが彼と、柿谷、豊田陽平だけという事実がザッケローニ監督の評価の高さを物語っていたが、山口の自己を見つめる目は冷静だった。

「ブラジル（W杯）が近付いたとも思わない。何よりクラブで結果を残すことが一番大事。クラブでの結果が付いてこないと代表に呼ばれることもない」

一喜一憂しない不動心。これこそ山口というプレーヤーの芯を貫く太い幹だ。

所属するC大阪の人気はうなぎ上り。ウルグアイ戦後にホームで行われた第21節・清水戦では前売りでチケットが完売し、練習場がある舞洲グラウンドにも連日多くのサポーターが詰めかけた。「サポーターが増えている実感はある」と言う山口だが、「(目当ては)俺じゃないと思う。曜一朗くんとタカでしょ(笑)」と続けた。加熱する周囲の状況を俯瞰する視線がどこか面白く、彼らしい。

「個人的に注目されているという意識はない。取材もいつも誰かの〝ついで〟ですから(笑)。曜一朗くんは大変そうだなと思う。でもうまく自分でコントロールしながらやっている。プレー面でもっと曜一朗くんの負担を減らしてあげたい」

ピッチ内外での冷静さを武器に、この時期、山口はC大阪を引っ張っていた。柿谷も山口への信頼は厚かった。「いまのチームには真のリーダーがいない」というクルピ監督の言葉に対して、「蛍がドンと構えて、リーダーシップを発揮したらいいんですよ」と熱っぽく話していた。二人は、ピッチ内外でお互いを補完し合う、いいコンビだった。

「何よりクラブの結果が大事」と話し続けていたC大阪のリーグの最終順位は4位。目指していたタイトルにこそ届かなかったが、1年を通してクラブと代表でフル稼働した2013年は、山口にとって、前年につかんだ自信をさらに大きくさせるものだった。この年、クルピ監督は山口をブラジル代表のMFパウリーニョ（現・広州恒大）に重ね合わせ、「蛍は彼のようなスケールの大きな選手になれる」と報道陣に何度も話していた。クラブでは不動のスタメン、そして五輪代表からA代表へとステップアップ。名実ともにC大阪の顔としての立場を築いた1年となった。

プロ入り後の我慢と葛藤の日々を経て、ロンドン五輪代表での爆発的な成長曲線、そしてA代表へ。山口本人は、「最初に思い描いていたのとは少し違う」としながらも、2009年から2013年にかけて、右肩上がりで歩んできたプロサッカー人生だった。迎える2014年のW杯イヤーは一つのピークとなる。そのはずだった。

しかし、待っていたのは思わぬ逆風だった。

2014年、チームの始動を前に山口は主将を志願した。最終的には、ランコ・ポポヴィッチ監督の指名という形で決定されたが、クラブ史上初となるアカデミー出身の新主将の誕生である。

「下部組織にいたころから〝生え抜きでキャプテン〟が夢だった。自分の背中を見て全員がついてきてくれるようなキャプテンになりたい。魂のこもったプレーをしたい」

力強い所信表明だった。フォルランを獲得したC大阪は優勝候補にも挙げられ、6月にはブラジルW杯に出場するチャンスも手の届くところにあった。

しかし、チームは低迷を強いられる。リーグとACLを並行しての戦いで疲弊感は否めず、ポポヴィッチ監督の采配も迷走に拍車をかけた。それでも、アルベルト・ザッケローニ監督の信頼は変わらず、山口はブラジルW杯本大会に選出される。メンバー発表当日は、アウェイで行われるACLラウンド16・第2戦の前日。場所は広州だった。広州は自身がサッカー選手として2010年に飛躍の足掛かりをつかんだアジア大会が行われた地。広州恒大のホームスタジアム、天河体育中心はアジア大会でも決勝の舞台となっていた。自身の〝原点〟とも言える場所で、「夢」であるW杯出場をつかみ取った。

柿谷とともに臨んだ会見で山口は、メンバー発表時の気持ちについて、「入れるかどうか、すごく微妙なラインだと思っていたのでうれしかった。（名前を呼ばれるまでは）今までの中で一番緊張した（笑）。父にはすぐに連絡した。（C大阪の育成出身としては初のW杯メンバーとなったが？）すごく誇らしい。ここで止まるのではなく、これからも下部組織からの選手は出てきてほしい。まず僕たちが結果を出すことで、その後にもつなげていきたい。小さいころからずっとセレッソで育ってきた。セレッソを代表してW杯に出られることはうれしく思う」と話した。

「アジア大会の懐かしい思い出も蘇って来た」という広州でメンバーに選ばれ、「プロ1年目で留学もして、レヴィー（・クルピ元C大阪監督）やセルジオ（・ソアレス元C大阪監督）がいるブラジル」でW杯を戦う。山口にとっては、「間違っていなかったのかな、と思う」これまでのサッカー人生をなぞるかのようでもあった。

「一つでも上を目指したい」と挑んだブラジルW杯。山口は2試合の先発を含む全3試合に出場したが、結果は1分2敗。ロンドン五輪とは対照的に、コートジボワール、ギリシャ、コロンビアといった各大陸の猛者相手に1勝も挙げることができず、打ちのめされた。

大会後、W杯を振り返って、「見たままだと思う。僕自身は3試合に出たけれど、自分を出せたというより、日本が勝つためにどうすべきかを考えながらプレーした。自分自身のプレーにも納得していない。世界のトップと対戦して肌で感じる部分もあった。そういうトップに少しでも近付くために、海外で挑戦して厳しい環境に揉まれて自分を追い込むことも一つ。こっちに残って意識を高く持ってやることも一つ。今回は3試合に出たけれど、主力として出た気持ちはない。4年後は主力としてピッチに立ちたい」と話した。

再開されたJリーグでは、新たな指揮官、マルコ・ペッツァイオリの下、中心に立って巻き返しを誓ったが、アクシデントが起こる。第19節・FC東京戦で右ひざ外側半月板損傷の負傷。プロ入り後、初の長期離脱を余儀なくされた。一度は第24節の大阪ダービーを前に復帰するも、直後の練習で再び同箇所を痛め、再離脱。以降はクラブを離れ、東京都北区西が丘にあるＪＩＳＳ（国立スポーツ科学センター）でリハビリに専念することになった。残留争いに巻き込まれた非常事態の中、キャプテンがチームを離れることへ疑問の声も一部で上がったが、彼は「復帰を意識して焦って、また手術ということになっては意味がない」と腰を据えてしっかりと治すことを選択した。小菊も、当時のことを、チームと話し合って決めたことだと振り返る。

「フロント、現場スタッフ、本人ともしっかり話し合って決めたこと。大阪にいて、チームをサポートすることももちろん大事だけど、彼は、できるだけ早く治して、最後までピッチに立つことをあきらめず、一日でも早く復帰するために頑張る、という可能性に懸けた。いろいろな見方はあるとは思うけど、『自分がピッチでプレーすることが何よりチームのためになる』という熱い思いがあった。それは僕らも十分、理解していた」

懸命なリハビリの末、クラブに戻った山口だが、降格が決まった第33節の鹿島戦はスタンドから見届けることしかできなかった。Ｗ杯での惨敗、自身のけが、クラブのＪ２降格。さまざまなことが一気に降りかかった。シーズン後に彼は「いろいろなものがすべて今年に重なった。これだけ一気に経験することはないと思う。サッカー選手として、これから自分が上に行くために、大きなものを得られた年だとも思う。来年は、応援してくれたり、復帰に向けてサポートしてくれたりした人たちに、自分がピッチでプレーしている姿を見せられたらいい」と気丈に前を向いた。

オフには国内のあるビッグクラブからのオファーを早々に断るなど、〝国内ならセレッソ〟の信念を鮮明に打ち出し、Ｊ２で迎えた２０１５年。パウロ・アウトゥオリ監督は迷わず山口をキャプテンに指名。３月に発足したハリルジャパンのメンバーにも選ばれた。〝Ｊ２と日本代表〟という二足の草鞋。それが、２０１５年の山口の歩む道だった。

クラブでは、結果が出ない時も、「監督を信じてやり続けることが大事」と常に語り、監督が求めるプレーを懸命にこなした。代表でも、東アジア杯第2戦・韓国戦で、目の覚めるようなミドルシュートを決めた。東アジア杯は2年前に自身がＭＶＰを獲った大会であり、また代表19試合目の初ゴールだった。

アウトゥオリ監督は山口を最大級の言葉で評価した。

「彼は自己犠牲の精神と、苦労を厭わないタフな気持ちを持っている。最高にプロフェッショナルな選手。あえて言う必要はないが、彼は海外でプレーして然るべき選手。彼ほどのレベルであれば、いつでも海外でプレーできる。疑いの余地はない。高いレベルのリーグに早く行けば行くほど、成長も加速する。精神的にも強くなる」

ハリルホジッチ日本代表監督からも、プレゼン形式のメンバー発表のたびに、「常に存在感を見せてくれる。クオリティーがある。まだまだ向上する余地がある」といった言葉が投げかけられていた。

両監督から寄せられた信頼の下、過密日程も厭わず懸命に戦ったが、滅多に弱音を吐かない彼が、シーズン終盤には「疲れがあることは確か」と報道陣の前で認め、焦りにも似た言葉を口にしたこともあった。

「代表に行ってクラブに帰れば、いろいろな差も感じる。今いるＪ２という環境に馴染んでしまっている。開幕したころは、けがから復帰して、そこから試合に馴染んで、自分のコンディションを上げていく段階だったけど、その後、自分のコンディションが上がってプレーが良くなるにつれて、自然とこれでいいというふうになっている気がする。代表にも呼ばれているわけだし、試合中でも違いを見せないといけない。もっとやらないといけない。決してJ2のレベルが低いというわけではないけど、いまいる環境に馴染んでしまうと、（レベルが）落ちてしまうと思う」

やはり、彼は環境を変えるべき時が来たのだと思う。もちろん、C大阪をJ1昇格に導いてからの海外移籍がベストな形ではあったのだが、この7年間、山口は十分にクラブに貢献してきた。

ハノーファーへの移籍会見で大熊清監督は、「セレッソのみならず日本の宝である山口選手をどのように育てていけばいいか。今年の契約時、シーズン中も真摯にオープンに向き合い、話をしてきた。J1昇格プレーオフの前に、ハノーファーから具体的な話が届いた。移籍に関する正式なレター前の段階だったが、具体的なことを彼に伝えた。彼はその時、『この話はプレーオフを戦ったあとに』と言った。彼はキャプテンとしてしっかりプレーオフを戦いたいと思っていた。その後、レターとして正式にオファーが届いた。そのレターを元に彼とも話し合いの場を持ち、彼は現地の視察と契約のためにドイツに渡った。もちろん山口選手はチームの中心であり大切な選手。J1昇格を果たせなかったことが心残りでもあるとも話していた。セレッソから巣立って日本代表の中心として、世界で通用する選手になってもらいたい。将来はJ1で彼を迎え入れられるよう、われわれもしっかり戦っていきたい」と話した。

玉田稔社長も快く送り出す。

「セレッソから海外に出て行った選手は何人かいるが、ハナサカクラブの支援を受けた1期生で海外移籍する選手は山口選手が初めて。セレッソを卒業して大きく羽ばたいて、海外で活躍して、またセレッソに戻って来てほしいというのが私の本音」

山口蛍がクラブとして大切に育てたかけがえのないプレーヤーであることが、よく伝わってくる会見だった。いつの日かまた、C大阪でプレーする時もくるだろう。いまはしばしの別れだ。

山口蛍という男

山口がC大阪に在籍した7年間。彼はさまざまなプレーやパーソナリティーを見せてきた。その中で、選手として2年間、コーチとして1年間、山口と接してきた羽田は、ここからさらに山口が伸びていくために必要なことは「周りを巻き込む力」だと指摘する。

「僕が今季（2015年）、唯一思ったのは、もっと引っ張ってほしかった、ということ。試合中に苦しい時に味方を鼓舞したり、声で周りを動かしたり。ピッチ外でも、もっと発言していいと思う。年齢バランス的には難しいとも思うけど、実績として影響力があるんだから。殻を破り切れていないのかな、ということはある。こういうことを言うと、蛍は怒るだろうけど（笑）。性格もあるけど、キャプテンを任された以上、何かを犠牲にしてでもやらないといけないことはある。そこは物足りなく映った。（1対1でも話した？）チームがうまくいっていない時とかは、『選手同士で話したほうがいいんじゃない？』と自分の意見として蛍に伝えたことはある。行動に移すのはなかなか難しいところはあったと思うけど、話すことは大事だから」

ただし、中学時代から、山口の成長を見守ってきた小菊の見解はまた少し異なる。

「背中で引っ張るタイプなので、（それに対して）いろいろな評価があることは理解している。ただ、彼を擁護するわけではないけど、彼の中では、もがき苦しんで、どうチームを引っ張ったらいいのかということを彼なりに表現していたとは思う。彼なりに本当にチームを愛して、このチームを何とかしようと思っていたことは、十二分に感じていた。キャプテンをやらないと分からないこともあったと思う。どういうキャプテンシーを見せるのか、ということで苦労もしていたと思う。通らないといけない使命だった」

そんな伸びしろがある一方、コツコツ努力する姿勢、環境から吸収する力はスバ抜けている。関塚監督によって引き出された献身性。セルジオ・ソアレス監督からはダイナミックに攻守に関わること。レヴィー・クルピ監督からは攻撃面で結果を残す重要性とメンタルを強く持つこと。パウロ・アウトゥオリ監督からは自己犠牲の精神とパスの精度と展開力。ハリルホジッチ監督はデュエル、だろうか。

歴代の指揮官が求めたタスクに、彼は懸命に応じてきた。以前、彼はこんなことを話していた。

「どの監督とやっても、やってほしいプレーはあると思う。それをこなしつつ、自分の持ち味をどう出すかということは、どの監督でも同じ」。監督の要求にプロフェッショナルとして応えた先に、自分の色を出す。それが山口の流儀。

また、指揮官のコンセプトに合わせるだけではなく、ボランチで組む選手によって絶妙にスタイルを変えることができる、相手の良さを引き出すことができるのも彼の強みだ。フィジカルの強さや運動量という目に見える部分以外にも、山口は考える力に秀でている。自分がどうすれば選手として成長できるか。常に考えて生き残ってきた。大きなことは言わないが、一歩一歩、足場を固めて前に進む。

冒頭で、伸ばしていくべきことについて言及した羽田も、山口の〝考える力〟は絶賛する。その部分が秀でていたから、ここまで選手として成長してきたのだろうと語る。

「プロになった後は、周りが育てたということではなく、自分の中でいろいろ感じて伸びた部分も大きいと思う。もちろん、指導者がきっかけを与えたことはあったと思うけど、自分でうまい選手を見て、感じて、トライする。それを繰り返して、ここまでやってきたんだと思う。自分で考えられない選手は伸びていかないから。蛍はそこが優れている。アンダーの代表も含め、代表に呼ばれるたびに、『もっとやらないといけない』ことを自分の中で感じて、きっかけにして、クラブでも努力していった。それが蛍のすごいところ」

プレーヤーとしては、ボランチとしてボールを奪う守備力が武器であり、奪った後の攻撃参加にも非凡なセンスがある。攻守の切り替えにも優れ、ザッケローニ監督の言うインテンシティー、ハリルホジッチ監督の言うデュエルも備える。サイドチェンジや縦パスの質も正確さを増している。ただし、課題がないわけではない。一呼吸、テンポをズラすようなパス。相手を混乱に陥れるパスのアイディアは少ない。羽田は指摘する。

「技術的には、後ろから来たボールを受けてターンするプレーはあまりうまくない。来たらすぐリターンするとか、バックパスするとか。変化を付けないといけないところで前を向くことができたら、もっとプレーの幅は広がる」

２０１５年、この年最後の代表での試合でそれは現れた。ロシアW杯アジア2次予選カンボジア戦。山口は遠藤航とボランチを組んだ前半、試合を動かすことができず、後半から遠藤に代わって柏木陽介が入り、得点は生まれた。柏木と組んだ後半は、バランスを見ながらリスク管理も行いつつ、サイドにパスを散らす持ち味も出た。もう一つ上のプレーヤーになるためには、この試合の前半のような状況で、ゲームを動かす力が欲しい。ただし、彼の長所はいわゆるゲームメイクではない。となると、代表で確固たる地位を築くには、不動のキャプテン長谷部を超えること。これこそが、２０１８年までに課せられた使命だろうか。

セレッソでの彼は、ハナサカクラブ1期生として、ロンドン五輪、ブラジルW杯に出場した。アカデミー出身選手にとってはカリスマ的存在だ。歴代8番とも親密な関係を築いた。香川との絡みこそ少なかったが、清武と柿谷の隣には、いつも山口がいた。

山口について清武は、「（C大阪移籍後）初めて会った時は、コイツとは絶対、仲良くなれんと思った（笑）」そうだが、寮の部屋が正面、人見知りという共通項などもあり、二人の距離はみるみるうちに縮まった。2013年のシーズン後。山口が清武がプレーするドイツ、ニュルンベルクへ向かった。ブラジルW杯の前年。代表を意識し過ぎるがゆえ、思うようにいかずに焦りで心がささくれ立つ清武に対して、山口はNHKの『決戦の地ブラジルへ～夢舞台への熱き思い～』の番組内で、こうアドバイスしていた。

「代表を意識する前にクラブでしっかりとプレーするべき」

清武は素直に山口の指摘を認めた。

普段から、お互いの信頼関係があるからこそ言えることだ。

羽田が指摘した「苦境に立ったチームを引っ張るキャプテンシー」が、海外で揉まれることで、どう育まれるか。今後、欧州で経験を積んで、一皮剥けて戻ってきた時、鹿島の小笠原満男のような風格と存在感のあるリーダー像を確立しているそんな時が来るかもしれない。

ロンドン五輪からブラジルW杯へ歩みを進め、その両方に出場した選手は、彼の他に清武と、オーバーエイジ枠の吉田麻也だけである。その経験値はロシアW杯に生かさなければならない。

2016年、1月30日、山口は敵地で迎えたブンデスリーガ第19節・レヴァークーゼン戦で先発フル出場。ハノーファー移籍後2試合目でブンデスデビューを果たすも、結果は0-3で完敗。ほろ苦いデビュー戦となった。ただし、C大阪でも一歩一歩、階段を踏みしめるように上がっていった山口。芯が強く、感受性の強い彼のことだ。自身や周りの状況を見て、必ずや欧州でも立場を築いていくはず。成功することを願ってやまない。

第五章　真の強豪へ。セレッソ大阪の再挑戦

桜の8番の復帰

２０１６年1月17日。セレッソ大阪にとって不退転の決意で臨む新シーズンの始動日。大阪市此花区にある舞洲の練習場は、多くのファン・サポーターで賑わった。クラブの公式発表では、その数、約1，２００人。ランニングで先頭を走っていた扇原貴宏は、練習後に「去年昇格できなくて悔しい思いをした。今年はそういう思いをしないためにも昇格しようと、選手のみんなが思っている。始動日からこれだけ多くのサポーターが来てくれたことに感謝しながら戦いたい。去年の不甲斐ない戦いにもかかわらず、これだけの方が応援してくれる。今年は絶対、その期待に応えたい」と引き締まった表情で話した。「注目されていることを一人ひとりが自覚して、地に足をつけて戦いたい。サポーターも含めて『チーム一丸で戦おう』という後押しを感じた」

クラブ在籍14年目の酒本憲幸も姿勢を正す。

「ほとんど（サポーターの目当ては柿谷）曜一朗だと思うけどね（笑）」と冗談めかしつつ、「これだけ多くのサポーターが来てくれたのは今季のチームへの期待の表れだと思うし、うれしいこと。たくさんの新加入選手もいる。そういう選手たちと、去年以上のチームを作っていきたい」とは、移籍2年目ですっかりピンクのユニフォームも板についてきた玉田圭司だ。

ヤンマースタジアム長居で行われた昨季のJ1昇格プレーオフ決勝での〝敗退〟。「いまでも忘れていない」と話す玉田だけではなく、あの悔しさはクラブ、選手、そしてサポーターにも残っている。今年1年かけて、晴らしていこう。そんなサポーターからの心の声が聞こえてきそうな、ポジティブな空気が流れていた始動日だった。

そして玉田が言うように、背番号8の復帰も、この大盛況と無縁ではない。「頼りになる人が帰って来た」と丸橋祐介が語る、〝柿谷曜一朗がいる風景〟。たった1年半離れていただけなのだが、そこには懐かしさと新鮮さが同居した。

初練習で大勢のサポーターに触れた感想について柿谷は、「前にいた時と変わらず、多くの人が来てくれた。（C大阪に）帰って来たな、と（思う）。セレッソはサポーターも一丸となって戦えるチーム。みんなでサポーターを大事にしていきたい」と口にした。

「やっぱり、自分がピンクのユニフォームを着てプレーしたい気持ちは外から見ていて感じたし、育ったチームなので。自分のプレーで目標に向かって戦いたい。そのために力を注ぎたい」

初練習後に行われた新体制発表会見でこのように話した柿谷だが、思い起こせば、徳島から復帰した2012年の同会見でも、「やはり僕が育ったのはセレッソ大阪だし、ここでプレーしたい気持ちがいつもどこかにあった。徳島のみなさんはJ1に昇格してから行ってほしかったかもしれませんが、僕自身もう一度セレッソでプレーしたいという気持ちが強かった。それが復帰を決めた理由」と語っていた。以前、森島寛晃が「一番セレッソのことが好きなのは曜一朗ですよ」と話していたことを思い出す。

自身、2度目のC大阪〝復帰〟。だが、意味合いは1度目とはまったく異なる。2012年は、「前にこのチームにいたとか関係なく、ゼロから始めたい」という本人の言葉どおり、C大阪の選手として、本当のスタートラインを切った年だった。しかし、今回の復帰は、チームの中心として引っ張る役目が期待される。もちろん、本人も自覚済みだ。「これから出てくる選手たちにいろいろなことを伝えたい。みんながセレッソを好きになって、セレッソのために戦える選手になることを願っている。そのお手本にならないといけない」と自身に求められるものを語っている。

2014年7月、バーゼル移籍会見で柿谷は、「セレッソで中心になって絶対的な存在というのは、自分にはまだまだ早いのかなとも思った。森島さんや西澤さん、セレッソを支えてくれた人たちのいいところを全部自分のモノにできたら、自分はまた、もっと大きくなれる。この半年間（2014年上半期）、楽しかったけれど、W杯も含めていろいろな注目をされた中で、自分に勝てなかったというのが正直一番、悔しかった。だからこそ、自分が尊敬している人たちのいいところを全部取り入れることができたら、また、このチームで本当の8番をつけられる選手になれるんじゃないかなと思う」と話していたが、2013年までC大阪で強化部長を務めていた梶野智は、そんな2014年の彼の状況について、ブラジルW杯期間中にこう語っていた。

「曜一朗は、昨季（2013年）1トップで結果を残した。得点王争いもして代表に入った。徳島では2列目でプレーしていたけれど、彼は2列目で数字を残して代表に選ばれた訳ではない。でも、今季は1トップでプレーする回数が少ない。フォルランはプレーヤー的にも人間的にも素晴らしいけど、曜一朗と同じポジション。今季の曜一朗はフォルランと役割が重なった。不調とか、そういうことではない。ただ、世界に行けば、いろんな監督のもと、いろんな役割も求められる。今季のような環境や状況に負けてはいけない。まだ少し気持ちが弱い」

「自分に勝てなかった」（柿谷）、「まだ少し気持ちが弱い」（梶野）。二人が口をそろえた、足りないモノ。スイスの地で手に入れることはできたのだろうか。

「向こうでの厳しさ、バーゼルでの1年半は、自分にとって濃い1年半だった。言葉にするのは難しいけれど、日本ではは経験できないこと、行った本人ではないと感じられないことがあった。1年半、海外でのサッカーを経験して、本当にいろいろなことを学んだ。その経験を、このチームで最大限生かせるようにしたい。やっぱり、セレッソでこの番号を付けてプレーするにあたって、チームの中心としてやらないといけないし、やる覚悟はある。試合を決定付ける仕事は毎試合していきたい。プレッシャーもあるけれど、そのプレッシャーに勝っていける強い気持ちを持って臨みたい」

この1年半、柿谷がどのような日々を過ごし、どう自身と向き合い、何を感じてきたのか。今シーズン、1試合1試合の中から、筆者もその答えを見つけていきたいと思う。

会見では、「J2での戦いについて」の質問も飛んだ。

「19歳の時、徳島に移籍した時がJ2だった。その前からセレッソでもJ2を戦っていたけど、J2で戦っているなと思ったのは徳島に移籍してから。その2年半の経験、戦いをいまでもハッキリ覚えている。どのチームも昇格を目標に戦う。特に今年はセレッソがこれだけ注目されて、相手も普段の2倍、3倍の力を出してくると思う。それをもはね除ける力を付けることが、これからのセレッソに一番大事なこと。選手もそういう精神的なところがJ2を戦い抜く上で一番大事になる。でも、僕はこのチームでやっていく自信も確信もある。必ずJ1に昇格できると思っている」

J1昇格へ。「桜の挑戦」と銘打たれた今季。柿谷にとっても、強い覚悟と決意を持って復帰したC大阪での再挑戦となる。

柿谷と同じく、再び桜に戻って来たのが杉本健勇だ。わずか1年での復帰に、「いまは少し周囲の様子を見て、おとなしくやっているんじゃないですか（笑）」と始動直後の彼の様子を語るのは、川崎フロンターレ移籍を決めるその直前まで、愛弟子の去就を気にかけていた大熊裕司C大阪U-23監督だ。「まぁでも、覚悟を持って戻って来ている。やってほしいですね」と期待を寄せる。

新体制発表会見で杉本は、「またこのチームに戻って来ることができて、大変うれしく思う。J1昇格、J2優勝という目標に向けて頑張りたい。去年、川崎Fにいたときもセレッソの試合はほとんど見ていたし、一緒に戦っているような感じで応援していた。セレッソはJ2にいるクラブではない。しっかり活躍して、J1に上げたい。FWなので、ゴールに多く絡むプレーを見せたい。数字を残したい」と意気込みを述べた。

遡ること数時間前、初練習を終えた彼に川崎Fでの1年について尋ねると、「いい選手とプレーして、学ぶこともたくさんあった。こういうことを自分から口に出して言うのはあまり好きではないけど、やっぱり（大久保）嘉人さんはすごかった。川崎Fで得た経験をしっかりここで生かしたい。前にいた時とは違った姿を見せられると思うので、しっかりいい準備をして開幕に臨みたい」と語っていた。

昨年末、監督続投が発表される前、強化部長としての立場で大熊清は、「履歴で見ると未完の大器かも知れないけれど、彼が『セレッソでもう一度やりたい』、『セレッソをJ1に上げたい』と言っていることを人づてに聞いて、自分も直接会って話した時にも伝わってきた。日本（サッカー）のためにも、育てないといけない選手だとも思っている」

と杉本について話していた。柿谷と同様、復帰したチームにおいて、どのようなプレーを見せるのか。「FWで勝負したい」という背番号9のプレーも、今季の注目ポイントだ。

そしてもう一人。アカデミー出身の復帰組の中で、今季に並々ならぬ意欲を燃やしている選手が、ドルトムントから復帰した丸岡満だ。

「今年からセレッソ大阪でプレーできるということで、ものすごくワクワクしている。今年はセレッソもセカンドチームを立ち上げて、新たなスタートを切る。そういう年に帰って来ることができてうれしい」

いつでも試合ができそうなポジティブなエネルギーを発散させている。

新体制発表会見では、「僕の持ち味は、オフ（・ザ・ボール）の動き出しや、運動量。このチームでは2列目で活躍できるように頑張りたい」と語った。「2列目で活躍できるように」という言葉が印象的だったが、後日、練習場で発言の意図を確認すると、「始動前、大熊監督に『今季、どんな感じでやっていきたい？』と聞かれた時、『2列目で勝負したい』と答えた。それが自分の正直な気持ちだし、ああいう会見で言うことで、セレッソファンやいろいろな人に知ってもらうきっかけにもなる。セレッソサポーターの中には、僕をボランチと見ている人も大勢いると思うけど、いまはドルトムントでプレーしていた2列目で勝負したい気持ちが強いので、あの会見で言わせてもらった」と〝決意表明〟に込められた意味を話してくれた。

ドイツでの2年間で得た経験や財産については、「勝負へのこだわり。あと、サッカーに関しても生活に関しても、言葉の壁やコミュニケーションなど打開力が必要だったので、サッカー選手としても、人としても一回り成長できたと思う。サッカーでは、待ってないで自分からボールを呼ばないといけないし、結果を出さないとボールも回ってこない。それを打開していく生活をしてきたことで、いま、セレッソで練習していても、自信を持ってプレーができている」と振り返り、「周りの選手も僕をライバルとして見てくれている。選手一人ひとりと勝負して、ポジションを勝ち取りたい」と、激しいレギュラー争いを勝ち抜く覚悟を示した。

丸岡については、C大阪のアカデミーからトップチームでのプレーを経ずにドルトムントへ移籍したことで、一部サポーターの間で、ハナサカクラブ（アカデミーの合宿や遠征、練習試合、食事などの費用を補助する個人協賛会）の趣旨を問う向きもあった。

実際、2015年のサポコンでは、単刀直入にこのような質問も飛んでいる。

「ハナサカクラブを含め、セレッソ大阪は育成に力を入れています。降格した年での主力の移籍、トップチームに上がらず海外挑戦など、本来、育成は個人のレベルアップはもちろん大切ですが、トップチームを強くすることが最も重要な目的だと思います。いまのハナサカクラブはトップチームを踏み台にして自分の夢を叶える手段になっているような気がして素直に応援できません。ハナサカクラブはトップチームの強化のためですか？ それとも個人の目的達成のためですか？」

この直球の質問に対応した、育成組織の最高責任者を務める宮本功は、「ハナサカクラブを含むアカデミーはセレッソ大阪のトップチームのためにあります。トップチームの選手を育てるために存在する組織です。小さい時からセレッソのユニフォームを着て、セレッソのためにということを夢見て子どもたちは頑張っています。ご指摘になっている、例えばドルトムントにいった丸岡選手の件であったりすると思うのですけれど、過去の例で言えば西澤選手がウチに加入した時は1年間セレッソに在籍せずにオランダに行きました。あまり知られていないかも知れません。そういう形で選手を強化していくこともあります。その選手のために一番良い選択をしていくということは、今後もあると思います。育成は少し時間が掛かる。少し長く時間軸を持っていただいて、選手を応援するしかないとわれわれは思っています」と答えていたのだが、当然、丸岡もハナサカクラブへの恩義は感じている。ドイツに移籍したこの2年間も、トップチームでプレーせずとも、オフには毎回クラブハウスに顔を出し、ドイツでの様子を伝えてくれていた。降格した2014年に移籍した南野拓実にしても杉本にしても、当時、交渉にあたった宮本によれば、「非常に悩んでいたし、セレッソのために貢献したいという思いも強く持っていた」という。

バーゼル、川崎F、ドルトムント。それぞれの場所で培ってきた経験を、今季、生まれ育った故郷にどう還元していくのか。楽しみは尽きない。

新たに迎え入れた実力者たち

「育成と補強の両輪が大事」。今季、監督、そして新設されたチーム統括部フットボールオペレーショングループ部長（従来の強化部長）も兼任する大熊清が語るように、育成出身選手を呼び戻すだけではなく、外からも実力者を迎え入れた。鹿島から加入した山村和也は、鹿島でもさらなる活躍が期待されていた存在。「1年目から結果を出したい」。強い覚悟を持って、大阪にやってきた。「関西は初めてだけど、明るい雰囲気は嫌いじゃない（笑）。同年代も多いので、うまくコミュニケーションを取りながら、早く馴染めるようにしたい」と話す。

ツエーゲン金沢から獲得したのは清原翔平だ。昨年、金沢はC大阪に2勝し、清原自身、第7節の対戦時では自らが獲得したPKを決め、キンチョウスタジアムでゴールも記録している。「去年はセレッソ戦での活躍が印象的だったが？」と尋ねると、「何も考えずに一心不乱にプレーしただけですよ（笑）」と謙遜しつつ、「あのイメージを持ってくれているサポーターも多いと思うので、そういう方たちの期待に応えることができるプレーをしたい。去年、（セレッソが）悔しい思いをしていることは知っている。今年、そういう思いにならないように、みんなで最後は笑って終われるように。自分もセレッソのために力になりたい」と誠実に答えてくれた。

「自分はこのチームでは助っ人。要求もほかの選手より高いことは理解している。チームのためにも25点は取りたい」と自信を覗かせるＦＷブルーノ・メネゲウなど、ブラジル人3選手も新たに加わった。その彼と長身ＦＷリカルド・サントスは、近年、多額の移籍金や年俸を支払い、現役ブラジル代表クラスの補強を続けている中国のリーグからの移籍。近年のＡＣＬでは、前線に個の破壊力を持った選手を擁するクラブが上位進出を果たしているが、彼らが日本サッカーにどう適応し、試合を決定付ける活躍を見せるのか。混戦Ｊ2を勝ち抜く一つのカギになるだろう。

また、今季は大阪体育大学から澤上竜二、福岡大学から木本恭生と、２０１５年のユニバーシアード日本代表でもある大卒選手二人も獲得した。年齢バランス的にも、１９９２

年生まれの杉本、1994年の秋山大地の間の1993年生まれだ。彼らをC大阪に引っ張ってきたのは、今年でC大阪のスカウトとして3年目となる都丸善隆である。ソフトな語り口と内に秘めた情熱が魅力的な都丸は、C大阪に来る前は仙台で4年間、強化部で主にスカウトとして力を発揮していた。昨季、浦和で大活躍、日本代表にも初選出され、「じゃないほうの武藤」としても有名になった武藤雄樹を仙台にスカウトしたのも彼だ。

「2014年に勝矢（寿延）さんがスカウトから（C大阪の）強化部長になられた時、声をかけていただいた。勝矢さんには仙台の時からお世話になっていて、食事を一緒にさせてもらったり、悩みも聞いてもらったりしていた」と現職についた縁を語る。澤上に関しては、「勝矢さんがスカウトをしていた時からアクションを起こしていた選手。僕一人で獲得できたわけではない」と語る。スカウトという仕事について都丸は、「基本的にチームが求めている選手を連れてくるのが大前提」としつつ、大事にしていることは「3つある」と話す。

「1つは、選手として明確な武器を持っていること。2つ目は、基本がしっかりしていること。最後は、パーソナリティーの部分。男らしいヤツが好き（笑）」

スカウト業のやりがいについて、「もちろん、試合に出て活躍してくれたらうれしいけど、中には思うように活躍できない選手もいる。そういう辛い思いをする選手を精神的な部分で励ましながら、一緒になって成長していくことにもやりがいを感じる。日の丸を付けて活躍してくれることが一番うれしいことではあるけど、選手と心を通わせながら成長していくことも、この仕事で大事なこと」と、独特の包み込むような語り口で話してくれた。

「育成出身選手の復帰」、「他クラブからの移籍」、「外国籍選手」、「大卒」。さまざまなカテゴリーから新たに選手が加わった一方で、既存の選手も総じてモチベーションは高い。U-23世代ながら、トップチームからのスタートになった秋山は、今年に懸ける思いがひと際強い一人だ。「こっち（トップ）で試合に出ることが自分にとって一番の目標。それが当たり前にならないといけない。レギュラーを勝ち取りたい。『レギュラーになれよ』と言ってくれた（山口）蛍くんの期待を裏切らないようにしたい」と決意を話す。昨季終盤の課題でもあった得点力不足を補うべく、手厚い補強となった攻撃陣の一方で、山口が抜けた中盤の守備力に関しては若干の懸念も残るだけに、秋山の成長に懸かる期待は大きい。

Ｊ１昇格が至上命令の今季。目標を達成すべく、Ｃ大阪はリーグ屈指の選手層を誇るチームとなった。ただし、いわゆる〝名前〟で勝てるほどＪ２が甘くないリーグであることは、昨季、身に染みて分かったことでもある。チームの兄貴分的存在である関口訓充は語る。

「メンバーが増えて選手はそろっても、しっかり能力を発揮できなければ、チームとして勝つことはできない。コミュニケーションをしっかり取って、共通理解を持って試合に臨むことが大事。新しい選手が入って、新しい風が入ることはいいことだけど、ただいるだけでコミュニケーションが取れなければ、力は発揮できない。そこは気を付けないといけない」

今季の登録選手39人中、トップチームからのスタートは30人。ＦＷには田代有三、杉本、リカルド、澤上。２列目には関口、丸岡、清原、ブルーノ。トップも２列目もできる玉田と柿谷。仮に今季の布陣を［４―４―２］もしくは［４―２―３―１］とするなら、前線４つの枠を10人で争うことになる。扇原、ソウザ、橋本英郎、秋山、木本で競うボランチ

2枠の争いも激しい。CBは、山下達也、茂庭照幸、中澤聡太、藤本康太、小谷祐喜。ボランチもCBもできる山村も当然、スタメン候補の一人だ。SBは丸橋、田中裕介、酒本、椋原健太、松田陸。GKはキム・ジンヒョン、丹野研太、武田博行、北野貴之が控える。

1年でのJ1復帰に失敗したものの、昨季より選手層は厚くなった。ポジション争いは激し烈を極める。ただし、この中で先発としてピッチに立つことができるのは11人だ。シーズンが進めば、悔しい思いをする選手も出てくる。そうなった時、しっかりとチーム一体の雰囲気を作ることができるか。そのあたりに言及したのは、チームを俯瞰して見ることができる山下だ。

「選手が大勢いる中で、試合に出る選手をどう支えていくか。チームワークの部分を高めていくことが大事。みんな自分が一番と思っているのはいいことだけど、いざスタメンが決まったら、出る選手を尊重しないといけない。去年の最後のほうはそういう雰囲気が出ていた。今年は最初からそういう雰囲気でやりたい」

豊富な戦力を生かし、攻守の歯車を噛み合わせる大事な役割を担う大熊清監督も、「高いレベルで競争していく中で大事なことは、気持ちを切らさないこと。みんなが食らい付いていくことで、高いレベルが維持できる。いまの雰囲気を継続させていきたい」と、ベースとなるメンタル面の重要性を語った。

2年目のJ2となった今季だが、多くの選手が残り、多くの選手が加わった。セレッソを取材し始めて今季で8年目。つくづく感じることは、このクラブは、一度所属した選手の多くが、その後も何かしらクラブに愛着を持っている、ということ。海外移籍した選手は欧州のシーズンオフになるたびに練習場に顔を出す。そして、ともに汗を流す。それも一人や二人ではない。これは素晴らしいことだと思う。クラブ生え抜きの選手だけではなく、2007年に加入した羽田憲司や2010年に加入した茂庭など、移籍組もいつの間にか愛着を口にする。2016シーズン。同じ目的を達成するために集まったスタッフ、選手の気持ちを一つに集結させなければならない。

「昨年より結束したチーム、覚醒した真のチームを目指していく。1年間かけて勝者のメンタリティーを作っていきたい」とは、精神的支柱である北野貴之の言葉だ。2015年は、2014年のJ2降格の残像が選手個々やチームに残り、どこか自信を持ち切れない波のある戦いを繰り返した。今季こそ、失った自信を取り戻し、強い、魅力あふれるクラブへ――。昨季終盤の雰囲気を持続させ、苦しい時でも一丸で乗り越えていけるチームになるために。1年後、どのようにチームが成長を遂げているのか。たくさんの期待と楽しみ、ほんの少しの不安も抱きながら、今季も全42試合、アウェイを含めて追いかけたいと思う。

C大阪U－23発足

「J2優勝J1昇格」を最大の目標に始まった今季のC大阪だが、2016シーズンはもう一つ、クラブとして長年の構想でもあったセカンドチーム（SAKURA NEXT）を正式に発足させ、C大阪U－23としてJ3リーグに参入する。プロ1、2年目の選手の育成はどのクラブも抱える共通の課題だが、J3という真剣勝負の舞台で切磋琢磨できることは、非常に有意義なことだ。

２０１５年のメンバー編成の時点ですでに、セカンドチーム構想はあった。アカデミーのサポートを目的に、２００７年に西村昭宏（現・高知ユナイテッドスポーツクラブ監督）とともにハナサカクラブを立ち上げ、２０１０年には一般社団法人セレッソ大阪スポーツクラブを設立するなど、C大阪の育成の組織構築に尽力してきた宮本功は、２０１４シーズンが終わったオフ、２００６年に実施した「TM50」（トップチームとは別に若手選手だけを集めて、年間50試合のトレーニングマッチを行った取り組み。その若手の中には、若き日の香川真司、柿谷曜一朗、山下達也らがいた）を引き合いに出し、「来年はとにかく、若い選手たちの試合をいっぱい組ませたい」と語っていた。２０１５年のサポコンでは、こうも話していた。

「U－20年代の試合数を確保する、できるだけ本気の試合を確保して強化する。これはJリーグの共通した課題の一つだと思います。われわれが育成型ということをより強くしていく中で、U－18の3年間ではまだ少し足りない。時間が足りない。もう一つ上のカテゴリーを持つことによって、より多くの選手をもっと鍛えることができる。いまの育成出身の選手たちも、1年、2年でレギュラーになっている訳ではない。（南野）拓実はちょっと特別。（柿谷）曜一朗なんかも足かけ7年ほど掛かっている。ですから、できるだけクオリティーの高い、できればJ3に参入して戦う仕組みで選手をより鍛えたい。まだJ3参入はできていないが、いまちょうど検討されている最中。セカンドチームはヨーロッパと同じような形だと、J3あるいはJFLに所属して戦っていく、その中でもトップチームとも自由に行き来ができる。そういうルールの下にセカンドチームが持てるように、今後なっていくだろうという中でわれわれは先行して準備していくということを想定している」

今年から「セレッサ」という呼称が付いたアカデミーは、近年、男女ともにすべてのカテゴリーで優勝という結果を残し、美しい花を咲かせることに成功している。これは誇れる成果であり、アカデミー全体の取り組みが正しいことを何よりも雄弁に証明している。

ただし、彼らはまだ〝素材〟。光る原石をプロとして輝かせ、一流の〝商品〟に仕立てていくためには、時間と労力が必要となる。もっとも、レヴィー・クルピ監督などは、若くても「使える」と判断した選手は躊躇なくトップチームでもスタメンで起用した。例を挙げるまでもなく、香川であり、丸橋、南野である。ただし、これらのケースはごくまれだ。多くの選手は、プロ入り後しばらくは出場機会をつかめず紅白戦要員に甘んじる。時には紅白戦にも入れず、ピッチの隅でボールを蹴ることもある。34人体制でスタートした昨季、若手の練習量は総じて少なく、トレーニング不足は明らかだった。監督の意向もあり、2部練習を増やすわけにもいかない。そうしたジレンマを抱えていた。もちろん、期限付き移籍なども活用してはいたが、手元に置いて成長を促すのがベスト。今回、C大阪U－23を立ち上げ、J3のクラブと切磋琢磨する環境に身を置くことで、若手の成長スピードは格段にアップするだろう。

「育成型クラブ」という確固たる信念を持つC大阪。若手の突き上げはクラブのアイデンティティーにも関わる。トップチームが安定した成績と魅力を保つ上で、育成型であることの意義は大きい。クラブとして、下部組織から昇格してきた能力の高い選手を土台に、足りない力を移籍や外国籍選手で補うのが理想的だ。「拡大路線」を推し進めた2014年は、フォルランやカカウなどビッグネームを補強したが、本来、C大阪は育てることを強化の第一方針に掲げている。

「以前から〝育成型クラブ〟を標榜しているが、少し曖昧さもあったかと思う。そのあたりを一度、整理しようじゃないかということで、今年はわれわれがどの方向に向かって進んでいくのかということを明確にした」

今季のクラブとしての指針について、新体制発表会見で、玉田稔社長はそう話した。

より具体的にU－23発足に伴うクラブの方向性ついて述べたのは、今季から新設されたチーム統括部部長に就任した宮本だ。「われわれが育成型クラブとして成功し続けるためには、世界基準でプロサッカー選手を輩出するだけでなく、輩出し続けることが必要。そのために、国内でも問題になっていた若手の厳しい実戦での出場機会、そしてトップチームとはまた違う、鍛えるための場所、そういうものを実現するために、この組織を新たに立ち上げた。『SAKURA NEXT』（C大阪U－23）は、アカデミーに接続させて、より効果的に、実戦的に、厳しく選手を強化していく。また、このチームを新たに立ち上げたことで、トップチームの選手にとっても、いいコンディションが維持できることになる。今回、チーム編成が多めの人数になっているが、絶えず出場して実戦感覚をキープする。そういう場所としても、U－23、J３は有効。この組織はすべてトップチームが優勝するためにある。最終的には、J１で優勝する、絶えずACLに出場する、それが目標。選手を鍛えて、トップチームでいい選手になるために、トップチームがいい結果を出すために、すべてがつながった組織であることを強みに変えて、トップチームのタイトル獲得を実現させたい」

すべては「トップチームが優勝するため」と宮本が強調するわけは、「アカデミーでセレッソを選んでくれる選手は年々増えてきている。それはありがたいこと。でも、それもやっぱりクラブの成果として、トップで活躍している選手たちが育ってきたおかげ。彼らがいなかったら、多分いくらハード面がそろっていても、良いトレーニングをしていても、なかなかそこまではセレッソのほうに向いてもらえない。それが現実だと思う」という信念があるからだ。

新設されたC大阪U-23の指揮を任されたのは、昨季までC大阪U-18監督を務めていた大熊裕司。クラブとして初のJ3リーグに挑むにあたり、こう抱負を述べた。

「もちろん、結果にこだわった戦いをすることは当然だが、（U-23立ち上げの）目的は、トップチームが強くなるため。その手助けをすること。長いシーズン、最後は若い力も必要になる。そのためにしっかり鍛えたい。また、長いスパンで考えれば、育成の選手がトップチームでも活躍できるように、ということ。練習も分けて行うことで、しっかりとベースを作ることができる。（環境面もトップより厳しく、ハングリー精神が育まれる？）いえ、環境的にはまだまだ贅沢（笑）。それに、上に行きたかったら、自分が勝ち取ればいい」

トップチームとセカンドチームは練習場もロッカールームも別。今季の始動日から、早速、異なる動きを見せている。始動時点でセカンドチームに振り分けられたのは、プロ4年目の小暮大器、プロ2年目の温井駿斗、阪本将基、沖野将基、米澤令衣、池田樹雷人、西本雅崇、プロ1年目の庄司朋乃也、岸本武流の9人だ。

始動6日目。クラブハウスから少し離れた人工芝のグラウンドで行っていたC大阪U-23の練習を覗くと、見学者が時に数百人と華やかなトップチームに対し、ひっそりとした雰囲気の中、選手たちの激しい息遣いと、大熊裕司U-23監督の叱咤激励する声が響いていた。

このチームの最年長でキャプテンも務める小暮は「（練習は）ヤバいっすね。めっちゃ、走っている（苦笑）。でも、キツイけれど、すべて自分のため。今後に絶対つながる。練習はトップより断然ハードだけど、前を向いて頑張りたい。トップにも早く行きたいけれど、いまの自分はその実力に達していないとも思うので、ここでイチから頑張る。J3での戦いも楽しみ。前向きに取り組みたい」と自らに言い聞かせるように話した。

昨季、シーズン途中でブラウブリッツ秋田に期限付き移籍し、23試合5得点と実績を残した米澤は、「やっぱりトップで試合に出たい。そのためにも、まずはセカンドチームで結果を残すことを目標にやっていく」と述べた。

シーズンが始まれば、「向こう（トップチーム）で試合に出られない選手は（セカンドチームに）降りてくるだろう」と大熊裕司U－23監督も話すように、場合によっては、始動時点ではトップチームにいるU－23世代の澤上や木本、そしてオーバーエージ枠にはなるが、小谷らがセカンドチームでプレーする可能性もあるだろう。反対に、C大阪U－18から積極的にU－23へ引き上げる構想もある。「高1でも、やれる選手は2種登録して、積極的にU－23に入れていきたい。世界でも、できるヤツはどんどんU－23に上げている」とは大熊清監督。U－23が立ち上がった意義について大熊清監督は、「（選手の入れ替えは）基本的には俺のほうで決めさせてもらえるけど、スタッフの話も聞きながら決める。けが明けでコンディションが上がっていない選手はU－23で鍛えることもある。有効に活用したい。伸び悩んでいる若い選手も、公式戦に常時出れば、グッと伸びる。去年は（愛媛へ期限付き移籍した）秋山も伸びたし、秋田でプレーした米澤も良くなっている。やっぱり、観客が見ている真剣勝負の場で勝負できる経験は大きい。庄司なんかは、トップの選手に疲れが出てきた終盤とかに（トップに）上がってきてくれたら、選手層は厚くなる」と語る。

トップチーム、U－23、U－18をうまく連動させて機能させていくためには、コミュニケーションが欠かせないが、その点、今季は編成上、すべてのスタッフが日本人でもあり、意思の疎通は図りやすい。「育成型クラブとしての新たな一歩」となるC大阪U－23の発足。トップチームのJ2での戦いと同じく、「桜の挑戦」のスタートである。

真の強豪へ。J2優勝こそが第一歩

C大阪を取材し始めた2009年以降、忘れられない試合には数々、遭遇してきたが、その中の一つに、2011年の第25節、ホームで行われたサンフレッチェ広島戦がある。この試合、C大阪は前半だけで3点をリードされるも、後半開始から播戸竜二（現・大宮）とキム・ボギョンの2枚同時投入を敢行すると、開始50秒に清武弘嗣のゴラッソで1点を返し、その後、55分、57分に播戸が立て続けに2点を奪い、3－3に追い付いた。さらに72分にはキム・ボギョンが4点目を決めて逆転に成功すると、77分には播戸のハットトリックでスコアを5－3とした。後半ロスタイムに1点を返されるも5－4で勝ち切った伝説の試合だ。互いに守備の不備はともかく、「Jリーグ全体を通しても、今季一番見ごたえのある試合になった」とクルピ監督が語ったこの試合は、両チームの攻撃性が存分に発揮されたスペクタクルな打ち合いとして、深く印象に残っている。

広島とは、J1で優勝を争った2013年は、一転して1点を争う堅い試合も繰り広げた。優勝争いも佳境に入った第32節、キンチョウスタジアムで行われた一戦は、緊迫した展開となる中、ファビオ・シンプリシオの得点により1－0で勝ち切った。2008年のJ2時代も含め、レヴィー・クルピ、ペトロヴィッチ、両監督同士が互いに意識していたこともあり、広島とは好敵手として数々の好勝負を繰り広げてきた。

ところが、現在は大きく差が開いてしまった。クラブのあり方として、広島から学ぶことは多い。広島は1年間の営業収益も30億円ほどで、クラブ規模で言えばC大阪と変わらない。その中で2012年、2013年とJ1連覇、そして2015年もチャンピオンシップを制して2年ぶりにJリーグの頂点に立った。予算規模が中位であるクラブがなぜ、これほど安定した成績を残せるのか。それはひとえに「コンセプト」が貫かれているからだろう。ペトロヴィッチ前監督が築いたサッカーを森保一監督が継承。さらには、スタイルを継続するだけではなく、前体制の弱点も補いつつ、選手の質やタイプを見て、その年ごとにマイナーチェンジも施している。

強化部の目利きも優れている。毎年、主力選手を取られても的確な補強により、戦力を保持、発展させている。しかも、塩谷司、千葉和彦、柴崎晃誠、柏好文など、いわゆる知名度や派手な肩書こそないが、確かな実力を持つ選手をピンポイントで補強。重要な戦力としてチームに組み込んでいる。

若手の育成も広島の強みだ。自前の選手以外にも、昨年の浅野拓磨のような高体連出身の選手もしっかりと育て上げている。結果が出ている組織には、やはり、それなりの理由があるのだ。

宮本らが構想の中心となって始めた『育成型クラブ』としての取り組み。時間をかけ、手塩にかけて育てたアカデミー出身の若手選手が一人前に育ち、クルピ監督のもとで才能を開花させた。C大阪も、クラブとして正しい道のりを歩んでいたはずだった。そこへ、2014年は岡野雅夫前社長が掲げた『拡大路線』も加わり、一大ムーブメントを巻き起こした。ただし、現場、強化、クラブの一体感なくして栄冠はつかめない。そんな当たり前のことを、2014、2015年の2年間、C大阪は痛感した。フォルランを獲得しながらJ2降格という現実に直面した2014年にしても、「獲得そのもの」が問題だったのではなく、「フォルランをどう生かすか」、そのビジョンや信念の共有がクラブ全体で曖昧だったことが問題だった、とも言える。

「挑戦する気概」自体は失ってほしくない。攻撃的なタレントが続々と生み出されるクラブの風土。リーガエスパニョーラでの日本人選手の挑戦の歴史にしても、西澤明訓、大久保嘉人、家長昭博、長谷川アーリアジャスール、そして乾貴士と、C大阪に関わった選手が数多く挑んでいることとは、クラブのマインドと決して無関係ではないだろう。そういった〝クラブの色〟も含めて、どう結果に結び付けるか。いずれにしても、大きな教訓を残した2シーズンを経て、クラブ再建への歩みを進める。

「一昨年、昨年とわれわれは大変悔しい思いをしている。監督の選任という問題もあったが、キーワードとして、コミュニケーションを挙げた。一つの方向に向かっていくには同じ考え方を持ちたい、もしくは共通の認識がいるということ。もう一つは、この悔しさを忘れない、去年の悔しさを覚えているメンバーでもう一度戦いたい」（玉田社長）という信念の下、今季の指揮官には、昨季終盤に続き、大熊清を据えた。フットボールオペレーショングループ部長との兼任については、「スタッフ、選手を含めて、今季の補強もしっかりできている。（大熊清監督の）負担は増えるが、そのぶん、フットボールオペレーショングループ全体で仕事をやっていこうということ」と玉田社長は説明する。

２００５年の小林伸二（現・清水エスパルス監督）を最後に、Ｃ大阪はクルピ監督以外に、１年間、任務を全うした監督はいない。今季、現体制で１年間を戦い通して成果を出すことができた時、〝脱・クルピ〟も図れるのではないかと思う。

今季のクラブのテーマは『桜の挑戦　セレッソ大阪２０１６～必ずやＪ１へ。そしてその先へ』。サポーターが見たいのは、ひとえに愛するクラブ、愛する選手がピッチで躍動し、勝利をつかむ姿。現場と強化、クラブが一体となり、躍動する選手をサポーターが支える。これがプロサッカークラブとしての理想の姿だ。Ｃ大阪を支える観客数も、昨季はＪ２に降格したため、一時的には下がったが、近年は右肩上がりで増加している。勝者のサイクルに入ることができれば、その数はさらに増えるだろう。観客数が増えれば利益も生まれ、投資に回すことができる。それは、クラブとしてさらなる高みへ向かうことを意味する。この２年間で得た教訓を生かすことが、近い将来、常勝と呼ばれる集団になるために必要なこと。そのポテンシャルが、C大阪にはある。まずは今季。目の前の1試合1試合の積み重ねの先に、栄冠は訪れる。J2優勝J1昇格を成し遂げ、クラブとして新たな歴史を築いた時、真の強豪クラブへの道を一歩、踏み出せるはずだ。

「この先、クラブが50年、100年と歴史を刻んでいく上でも、この1年は大変重要な1年になると認識している。クラブの明るい未来を懸けて、精一杯頑張りたい」

今季からコーチとして現場復帰する小菊昭雄が新体制発表会見で語った言葉は、深い。始まるのはクラブの明るい未来を懸けた、あるべき信念を取り戻すための戦いだ。

「セレッソという名前はスペイン語で桜。大阪市の花、日本を代表する花。大阪を代表して、いずれ日本を代表する素晴らしいチームになりたいという思いがあった」。これは、2015年の新体制発表会見で玉田社長が語った言葉だ。

昨年は、現在のキンチョウスタジアムを大規模改修し、収容人数を現在の約倍の規模とする『セレッソの森スタジアム構想』も発表された。２０１９～２０２０年の完成を目指しており、「常時、ＡＣＬにチャレンジしていくチームになることを念頭において」（玉田社長）、国際基準に合致するスタジアムとなる。

「２０２０年には、キンチョウスタジアムを改修して４万人規模のスタジアムにする予定。その時点でわれわれがＪ２にいる、もしくは優勝争いもできていないということが、決してないように、今季に臨みたい」（玉田社長）。

２０１６年12月。季節外れの満開の桜に彩られた、明るい未来が待っていることを信じて——。

あとがきに代えて。「嵐の中で根を張った桜」

プロローグにも記したように、筆者がエルゴラッソのセレッソ大阪、徳島ヴォルティスの担当としてサッカーライターとしてのキャリアをスタートさせたのは２００９年。高校卒業時に〝サッカーの記者〟になることを志し、エルゴラッソの熱心な読者でもあった筆者にとって、それは胸躍る瞬間でした。２００８年秋。エルゴラッソの紙面に小さく掲載された〝記者募集〟の告知を見て、履歴書と課題の作文、サッカー観戦時の写真を送付。約４カ月後に来た「記者をやりませんか？」という編集部からの連絡を受けた時の気持ちの高鳴りは、いまでもはっきり覚えています。

そして今回、記者となって『８』年目の記念すべき年に、初の著書を刊行する機会をいただきました。これもひとえに、日々、取材に応じて下さる監督、選手の皆さま、チーム関係者の皆さま、普段から編集に携わって下さっている皆さま、そして何より、読者の皆さま方のおかげです。この場をお借りして、深く、お礼申し上げます。本当にありがとうございます。

今季のC大阪は、必ずや結果を残してくれると信じています。雨上がりの空に虹がかかるように、激動のこの2年、時に土砂降りの嵐を過ごした中で、大地に根を張り土台を固め、たっぷりと養分と水分を吸収して豊かな花を咲かせる——。そんな、皆で喜びを分かち合える瞬間が今季の最後に訪れることを信じて、その軌跡を、熱く、濃く、深く、これからもお伝えしていきたいと思っています。また、この『桜は、かならず返り咲く』は、完結した物語ではありません。そのため、エピローグは入れませんでした。続編が、ワクワクする内容で埋まることになれば、この上ない喜びです。

どうか、この2016年が、C大阪に関係する皆さま方にとって、笑顔に満ちた1年になりますように。そして、読者の皆さま方のフットボールライフが、いまよりもっと、充実したものになりますように！

2016年2月

小田 尚史

著者プロフィール

小田 尚史(おだ・ひさし)

1980年生まれ。兵庫県西宮市出身。関西大学社会学部を卒業後、番組制作会社勤務、市議会議員秘書などを経て、2009年より、サッカー専門新聞『エルゴラッソ』の記者を務める。2009年から5年間、セレッソ大阪と徳島ヴォルティスの2クラブを担当する。2014年からはC大阪専属となる。今シーズンで記者として8年目を迎えた。本書が初の著書となる。

桜は、かならず返り咲く

セレッソ大阪、激動の2年と再起の始まり

2016年2月24日　初版第1刷発行

著者　小田尚史
発行人　山田泰
発行所　株式会社スクワッド
〒150-0011　東京都渋谷区東1丁目26-20東京建物東渋谷ビル別棟
お問い合わせ　0120-67-4946
編集　寺嶋朋也
装丁　スクワッド
DTP　株式会社GROW UP
印刷　凸版印刷株式会社

©Hisashi Oda 2016 Printed in JAPAN
ISBN 978-4-908324-06-2
本文、写真等の無断転載、複製を禁じます。落丁、乱丁本はお取替えいたします。